文
普
化
华

PUHUA BOOKS

RISK-ORIENTED INTERNAL AUDIT

普华审计实务
工具书系列

# 风险导向
# 内部审计
# ［实务指南］

PRACTICAL GUIDE

付淑威◎著　范高鸿◎审定

人民邮电出版社
北京

**图书在版编目（CIP）数据**

风险导向内部审计实务指南 / 付淑威著. -- 北京：
人民邮电出版社，2022.10
（普华审计实务工具书系列）
ISBN 978-7-115-59955-1

Ⅰ．①风… Ⅱ．①付… Ⅲ．①内部审计—指南 Ⅳ．
①F239.45-62

中国版本图书馆CIP数据核字（2022）第160524号

## 内 容 提 要

随着我国经济发展日新月异，内部审计在国民经济发展中的监督作用也日益增强。但是在实务中，仍有部分内部审计人员对内部审计的风险导向、问题导向、制度基础导向的理解不够透彻；部分内部审计组织仍以传统的财务收支审计为主，在制订年度内部审计计划时未系统考虑组织风险。如何适应组织的发展，帮助组织加强内部控制和风险管理，从而助力组织实现增值，是内部审计人员要思考和面对的问题。

本书由具有二十多年审计实务经验的一线审计专家倾情打造，书中深入浅出地介绍了内部审计的发展机遇和风险导向内部审计的思维模式；同时还详细介绍了在年度内部审计计划制订阶段、内部审计项目准备阶段、内部审计实施阶段、内部审计报告及整改阶段，如何以风险为导向制订计划、进行审前调查、发现问题、进行审计沟通，如何形成有价值的审计报告、提出审计建议和利用审计结果，并且提供了作者在工作实践中梳理总结的大量的制度、流程、表单和模板等。

本书适合企业内部审计人员、会计师事务所审计人员、企业风险管理人员、企业财务人员、企业舞弊调查相关人员阅读和使用。

◆ 著　　付淑威
审　　定　范高鸿
责任编辑　贾淑艳
责任印制　彭志环
◆ 人民邮电出版社出版发行　　北京市丰台区成寿寺路 11 号
邮编 100164　电子邮件 315@ptpress.com.cn
网址 https://www.ptpress.com.cn
涿州市般润文化传播有限公司印刷
◆ 开本：787×1092　1/16
印张：15　　　　　　　　　2022 年 10 月第 1 版
字数：300 千字　　　　　　2025 年 3 月河北第 10 次印刷

定　价：69.80 元
读者服务热线：（010）81055656　印装质量热线：（010）81055316
反盗版热线：（010）81055315

# 推荐序

## 心怀热爱　人生精彩

《现代汉语词典》对"热爱"一词的解释是：（对国家、人民、事业等）热烈地爱。《新华字典》对"爱"的解释之一是：对人或事物有深挚的感情。汪国真在《热爱生命》中说："我不去想是否能够成功，既然选择了远方，便只顾风雨兼程。"付淑威女士就是这样一位新时代的审计人。她，热情似火，热情奔放；她，热爱工作，热爱单位，热爱审计。因为心怀热爱，所以人生精彩。从国有企业到民营企业，从青春年少到不惑之年，她一直坚守内部审计岗位。因为热爱，所以全力以赴；因为热爱，所以勇于担当；因为热爱，所以坚定执着；因为坚定执着，所以成就卓越。

《风险导向内部审计实务指南》一书，让我们明白了三点。第一，我是谁。我是"不忘初心，牢记使命"的审计人，是践行习近平总书记"以审计精神立身，以创新规范立业，以自身建设立信"指示精神的审计"战士"。第二，为了谁。为了党和国家的方针政策能得到贯彻落实，为了企业单位的战略规划能得到全面实施，为了被审计单位能正确防范各种经营管理风险。第三，怎样做好审计工作。审计工作要求审计人员做到以下几点：职业怀疑端己心，换位思考理解人，一分为二看事物，全面系统识本质，说话沟通重技巧，团队合作共荣辱，全心全意为人民服务。审计工作，使审计人员不断成长，不断成熟。

社会实践需要理论的指导，因此审计人员要注重提升理论研究水平。理论来源于社会实践，更要服务于社会实践。理论研究不能是空中楼阁，社会实践也不能是花拳绣腿。知行合一，学以致用，以知促行，以行求知，付淑威女士实现了对这些内容的完美结合。

非常荣幸接到付淑威女士的邀请，我欣然提笔记录感悟，以期留下美好的审计职业记忆。

王宝庆（浙江工商大学教授）
2022 年立夏于杭州西子湖畔

# 前　言

**为什么有这本书**

随着我国经济发展日新月异，2018 年党和国家领导人在中央审计委员会第一次会议上指出，要努力构建集中统一、全面覆盖、权威高效的审计监督体系，以更好地发挥审计在党和国家监督体系中的重要作用，标志着我国进入了前所未有的大监督时代。国家审计、社会审计、内部审计等审计监督体系日臻完善，内部审计在国民经济发展中的监督作用也日益增强。

2022 年 1 月 1 日，新修订的《中华人民共和国审计法》正式施行。当前，新的风险不断出现，当组织出现舞弊、投资失败等重大风险时，人们可能会问："内部审计人员到哪儿去了？"内部审计人员迎来了信任危机和角色定位改变等新挑战。

然而，仍有部分内部审计人员对风险导向、问题导向、制度基础导向的理解不够透彻；部分内部审计组织仍以传统的财务收支审计为主，在制订年度内部审计计划时未系统考虑组织风险。如何在实现中华民族伟大复兴的过程中做出贡献，是摆在内部审计人员面前的现实问题，也是非常紧迫的问题。如何适应组织的发展，帮助组织加强内部控制和风险管理，从而助力组织实现增值，也是内部审计人员要思考和面对的问题。

在很多组织管理团队眼中，内部审计人员就是复核员，或者内部审计是"吹毛求疵者"所从事的工作，工作内容单调乏味。但风险导向内部审计使这一观念发生了变化，内部审计的地位被提升到新的高度。

新时代的审计人有责任了解内部审计的实质。内部审计的含义是什么？内部审计的本质与作用是什么？风险导向内部审计又是什么？相信在阅读完本书内容后，你会对内部审计及适应当代企业组织发展的风险导向内部审计有更深刻的认识。这也是内部审计人员做好内部审计工作的第一步。

**本书的主要价值是什么**

本书有助于广大内部审计人员更好地理解风险导向的思想，了解风险导向的思维模式和出发点，将风险导向内部审计实践于审计工作中，助力组织实现增值，促进组织实现战略目标。

本书深入浅出地介绍了内部审计的发展机遇和风险导向内部审计的思维模式；同时还详细介绍了在年度内部审计计划制订阶段、内部审计项目准备阶段、内部审计实施阶段、内部审计报告及整改阶段，如何以风险为导向制订计划、进行审前调查、发现问题、进行审计沟通，如何形成有价值的审计报告、提出审计建议和利用审计结果；还提供了我在工作实践中梳理总结的制度、流程、表单和模板等。这些都使本书具有较高的实用价值。

没有理论指导的实践是盲目的。内部审计是一种实践活动，学习理论是为了更好地实践。本书立足审计实操经验，语言通俗易懂，案例紧扣时代脉搏，具有很强的实用性。本书能指导内部审计人员树立风险导向的审计理念，正确开展风险导向内部审计。子曰："三人行，必有我师焉。"本书不仅适用于刚步入审计职场的新人，也适用于审计经验丰富的人员。

**本书的主要内容是什么**

本书共六章。

第一章简要介绍了内部审计的基础知识，以及什么是风险导向内部审计等。

第二章主要介绍了年度内部审计计划的主要内容、制订步骤，识别和评估风险的方法，以及制订年度内部审计计划应考虑的因素等。

第三章主要介绍了内部审计项目准备阶段的相关知识，给出了正确实施全新内部审计项目的方式、审计通知书模板等。

第四章主要介绍了内部审计实施阶段的进场会、审计取证、审计发现的五要素、审计工作底稿、审计离场会等，为读者提供了内部审计实施阶段的操作指南。

第五章主要介绍了内部审计报告的撰写技巧，以及审计整改的相关知识等。

第六章主要介绍了内部审计制度及团队管理的相关内容，提供了内部审计机构的制度体系的搭建策略及内部审计制度的示例等。

审计是一种思维模式，我希望本书能让更多的审计"后浪"们克服畏难情绪，少走弯路，坚定信心，勇攀审计高峰。曾国藩说，"谋大事者，首重格局"。我希望本书有助于内部审计人员打开审计思维格局，在审计事业和生活中获得一个又一个惊喜，找到自己生命的意义。

**致谢**

最后，我要感谢很多人。

感谢我亲爱的爸妈、爱人和儿子，他们在我的职业生涯中给了我很多支持和理解，帮我分担了很多家务，让我能一心扑在自己热爱的内部审计事业上。

感谢给过我颇多指导的中国内部审计协会的鲍国明会长、沈立强秘书长，河南省内部审计协会、浙江省内部审计协会等的领导、伙伴们。

感谢我曾经服务过的企业的领导和伙伴们，他们为我提供了良好的审计工作环境并配合我的工作，让我有机会和平台展示自己，发现审计工作独有的魅力。

感谢我的良师益友时现教授、王宝庆教授、陈艳娇教授、李庭燎博士等，在他们的指导和陪伴下，我渡过了一个又一个难关。

感谢我的审计伙伴范高鸿、齐伟、张盼、余学挺、沈姝婷等，他们在我创作本书的过程中给了我大量的帮助。

再次感谢为本书作序的王宝庆教授，感谢他对我的认可、信任和鼓励。

还要感谢我亲爱的读者，谢谢你们阅读本书。

由于我才疏学浅，书中难免有疏漏之处，敬请各位读者批评指正。

付淑威

2022 年 6 月 7 日于杭州

# 目 录

第一章

# 风险导向内部审计概述

## 问题提出

1. 什么是内部审计?
2. 什么是风险导向内部审计?
3. 问题导向模式与风险导向模式的区别是什么?
4. 内部审计与内部控制、风险管理的联系和区别是什么?


## 一、内部审计简述

内部审计职业自 20 世纪 40 年代在欧美国家兴起, 随着时代的变迁, 内部审计的定义发生了巨大变化。

（1）2013 年国际内部审计师协会（Institute of Internal Auditors, IIA）发布的《国际内部审计专业实务框架》中将内部审计定义为:"内部审计是一种独立、客观的确认和咨询活动, 旨在增加价值和改善组织的运营。它通过应用系统、规范的方法, 评价并改善风险管理、控制及治理过程的效果, 帮助组织实现其目标。"

（2）2013 年中国内部审计协会（China Institute of Internal Audit, CIIA）发布了《第 1101 号——内部审计基本准则》, 其中对内部审计的定义为:"本准则所称内部审计, 是一种独立、客观的确认和咨询活动, 它通过系统、规范的方法, 审查和评价组织的业务活动、内部控制和风险管理的适当性和有效性，以促进组织完善治理、增加价值和实现目标。"

（3）2018年审计署颁布的《审计署关于内部审计工作的规定》（审计署令第11号）中将内部审计定义为："本规定所称内部审计，是指对本单位及所属单位财政财务收支、经济活动、内部控制、风险管理实施独立、客观的监督、评价和建议，以促进单位完善治理、实现目标的活动。"

IIA、CIIA、审计署对内部审计的定义的比较如表1-1所示。

表1-1    IIA、CIIA、审计署对内部审计的定义的比较

| 内容 | IIA 对内部审计的定义 | CIIA 对内部审计的定义 | 审计署对内部审计的定义 |
|---|---|---|---|
| 审计主体 | 组织内部或外部均可 | 组织内部或外部均可 | 组织内部或外部均可 |
| 审计客体 | 风险管理、控制和治理过程 | 业务活动、内部控制和风险管理 | 财政财务收支、经济活动、内部控制、风险管理 |
| 审计目标 | 增加价值和改善组织的运营 | 促进组织完善治理、增加价值和实现目标 | 促进单位完善治理、实现目标 |
| 审计职能 | 确认（监督、评价）和咨询 | 确认（监督、评价）和咨询 | 监督、评价和建议 |
| 审计特征 | 独立性、客观性 | 独立性、客观性 | 独立性、客观性 |

# 二、内部审计的目标和核心原则

1. 内部审计的目标

根据《第1101号——内部审计基本准则》，内部审计的目标是促进组织完善治理、增加价值和实现目标。

2. 内部审计的核心原则

当今组织所面临的挑战，使得内部审计在增加组织价值方面的作用日益增强。

核心原则1：彰显正直。彰显正直是IIA的《职业道德规范》中其他原则的基础。简单来讲，正直意味着做正确的事情，提供诚实、客观的确认和咨询服务。即便这样做会让人感到不舒服，内部审计人员也要坚持该原则。

核心原则2：彰显胜任能力和应有的职业谨慎。内部审计人员在组织中的作用不断提升，其工作范围已远远超出了最初的对财务报告的简单确认。但内部审计人员必须坚持这一原则，即基于自己的胜任能力和应有的职业谨慎来提供服务。

核心原则 3：保持客观和独立。保持客观是指内部审计人员保持不偏不倚的态度，对审计事项做出判断时不屈从于其他因素；保持独立是指内部审计机构公正地履行职责时须免受任何威胁其履职能力的情况的影响。

核心原则 4：与组织的战略、目标保持一致，识别风险。能否坚持这一原则，基本决定了内部审计能否为组织增加价值。内部审计要开展的各项工作均应紧紧围绕组织战略、目标展开，识别影响组织战略、目标的高风险领域，将有限的审计资源投入促进组织战略、目标实现的工作中。"以风险为基础，提供客观的确认、建议和洞见"是 IIA 提出的内部审计使命的一部分。

核心原则 5：定位适当且资源配置充分。针对这一原则，很多内部审计人员往往只关注其中的一半。许多内部审计机构负责人擅长确保自己有足够的资源来执行年度内部审计计划，然而，对于报告路径和可能限制内部审计职能发挥的其他因素，其往往显得过于接受现实。内部审计机构负责人应定期与审计委员会或董事会一起审查内部审计章程，并确定是否需要更改内部审计机构的工作范围或报告路径，以执行组织的风险管理战略。

## 三、内部审计的独立性和客观性

独立性是内部审计的灵魂，失去独立性的内部审计将无法很好地发挥其增值作用。独立性是内部审计机构所在组织赋予的。内部审计的独立性包括形式上的独立性和实质上的独立性。内部审计的独立性主要体现在内部审计报告中。客观性是内部审计人员应具备的非常重要的职业操守，内部审计人员应不偏不倚、客观地发表审计意见。

1. 内部审计的独立性

内部审计的独立性是指内部审计机构在组织中的独立性，内部审计机构负责人必须向组织内部能够确保内部审计机构履行职责的层级报告，内部审计机构在确定内部审计范围、开展工作和报告结果时，必须免受干预。

2. 内部审计的客观性

内部审计的客观性是指内部审计人员在开展内部审计工作时，应具有不偏不倚、客观公正的态度，具体表现为：内部审计人员不应轻易改变审计程序、审计内容、审计方法和审计结论等。

## 四、内部审计的发展历程

现代内部审计是相对于传统内部审计而言的一个概念。遵循客观事物运行的一般规律，现代内部审计是经济发展到一定阶段的产物。要了解现代内部审计的产生，就必须着眼于内部审计演进的历史长河，理解内部审计发展的路径，只有这样，才能够真正把握现代内部审计产生的原因和存在的意义。

内部审计活动的萌芽出现在奴隶社会，是组织"需要"产生了内部审计。早期的内部审计活动产生于奴隶社会中权力的下放，由于分权，带来了互相牵制及随之产生的受托经济责任的需要，监督承担不同职责的人的工作，包括审查其是否诚实履行责任、考核其受托责任的履行情况等具有了必要性，而这种需要的出现直接导致了内部审计活动的诞生。

在我国西周时期，奴隶制政府机构中设置的司会在负责会计核算的同时还负责监督和考查下属提交的所有财务报告，这就是原始意义上的内部审计；在西方，庄园的奴隶主往往委托他人经营管理下属庄园，然后派遣管家审查受托责任履行情况，管家的这种行为也是内部审计行为的体现。这一时期，由于分权的程度并不深，范围也不太广，内部审计活动尚未与其他管理职责分开，内部审计行为也并非由独立的人员来承担，且内部审计活动仅限于监督和验证。

1941年，IIA成立，这在很大程度上推进了内部审计理论和实务的发展。此时，内部审计才逐渐成为一门独立的学科。根据IIA于1947年出台的第1号《内部审计师职责说明书》的表述：内部审计是组织内部检查会计、财务及其他业务的独立性评价活动，以便向管理部门提供防护性和建设性服务。它主要涉及会计和财务事项，但也可以适当涉及业务性质的事项。可见，内部审计的对象主要是会计和财务事项，内部审计的总体目标就是帮助管理者有效管理组织的业务活动。

财务审计阶段的后期已经出现了以业务为导向的内部审计的思想。20世纪40年代末，真正意义上以经营业务活动为主要关注点的内部审计出现了，并在60年代发展到了顶峰。

20世纪中后期急剧变化的外部经济环境对企业的内部管理产生了深远的影响，垄断的出现及世界性经济危机的爆发促使人们对内部管理体系重新进行思考，管理理论和实践要求人们更加关注外部环境的影响，用动态、系统的眼光来看待现代管理。在这种思想的作用下，内部审计受到了剧烈的冲击。

新的环境对内部审计提出了新的要求：内部审计需要充分考虑外部多方利益相关者的影响，审计的关注点也需要从低层次的经营业务和内部控制转向高层次的决策和外部受托责任。从 20 世纪 70 年代开始，内部审计正式进入了以管理为核心的管理导向的审计阶段。

## 五、四种不同类型的审计思维模式

审计思维模式对审计工作的出发点及审计的结果和价值有重要影响。

审计学教授时现认为，模式一般带有导向性，是技术方法或行为方式的基础。审计思维模式，即内部审计人员在审计过程中推理论证及分析判断的方式。

近 40 年来，审计风险模型由传统风险导向向现代风险导向发展，大幅提高了审计效率。

美国注册会计师协会（American Institute of Certified Public Accountants，AICPA）于 1983 年发布了第 47 号审计准则，提出了审计风险模型。1984 年，AICPA 下属的美国审计准则委员会（Auditing Standards Board，ASB）要求审计师遵循第 47 号审计准则，在审计中运用审计风险模型，通过对财务报表固有风险和控制风险的定量评估来确定审计实质性测试的性质、时间和范围，这就是传统风险导向审计。传统风险导向审计在内部控制导向审计的基础上，更加注重风险评估和风险管理，通过审计风险模型，把各种审计证据连接起来，并在此基础上对审计风险进行定量评估，将审计资源分配到高风险领域。审计风险模型在内部控制测试的基础上，结合了审计抽样，大大提高了内部审计工作的效率。

2003 年，国际审计与鉴证准则理事会构建了现代风险导向审计模型，将固有风险和控制风险合并为重大错报风险。该模型更加注重战略和宏观层面的风险识别，将审计重点锁定在更广泛的经营管理领域，把有限的审计资源释放在组织的高风险领域。

现代风险导向审计的特点是，以控制审计风险为中心，以组织增值为主线，以经营风险的评估为切入点，以评估组织剩余风险为重点，审计效率高，审计效果好。现代风险导向内部审计对风险和内部控制的关注较多，能够对组织风险进行全面审计。现代风险导向审计较好地诠释了什么叫作审计全覆盖。

随着内部审计的不断发展，审计思维模式也在不断发生变化，四种不同类型的审计思维模式如表 1-2 所示。

表 1-2　四种不同类型的审计思维模式

| 审计思维模式 | 解释 | 目前是否有成熟理论 | 多采用该模式的审计主体（实质上） |
|---|---|---|---|
| 账项基础模式 | 该模式是以经济业务、会计事项和账目记录为基础，直接从会计资料的审查入手收集有关审计证据，从而形成审计意见和结论的一种审计思维模式 | 是 | 社会审计 |
| 制度基础模式 | 审计人员先对被审计单位的内部控制进行审查，根据对内部控制测试的结果，确定实质性程序的范围和重点，根据检查结果形成审计意见和结论 | 是 | 内部审计 |
| 风险导向模式 | 该模式起源于注册会计师运用的审计风险计量公式：审计风险＝重大错报风险 × 检查风险。重大错报风险是指财务报表在审前存在重大错报的可能性。认定层次的重大错报风险又可进一步细分为固有风险和控制风险。检查风险是指某一认定存在错报，该错报单独或连同其他错报是重大的，但审计人员未能发现这种错报的可能性。在既定的审计风险水平下，可接受的检查风险水平与认定层次重大错报风险的评估结果成反向关系<br>该模式的另一种解释由菲尔·格里夫茨在《风险导向内部审计》一书中提出。他认为风险导向内部审计的本质是以客户为中心，以被审计单位业务活动的目标为起点，发现阻碍这些目标实现的威胁或风险，然后评价降低风险的程序和流程是否有效 | 是 | 内部审计 |
| 问题导向模式 | 问题导向就是以存在的问题为起点、以解决问题为方向，是提升工作层次和水平的重要途径。坚持问题导向既是工作方法也是思想理念，是增强审计针对性和有效性，进而提升审计价值的关键 | 否 | 国家审计 |

# 六、内部审计准则

准则是指个体或组织在行为或道德方面所遵循的标准。内部审计职业自 20 世纪 40 年代在欧美国家诞生以来，在长期的发展过程中形成了一套指导审计各项活动的工作规范和标准，以此来保证和衡量审计工作的质量，从而保证审计目标的实现。这套工作规范和标准就是内部审计准则。接下来简单介绍国际内部审计准则的发展和我国内部审计准则的发展。

1. 国际内部审计准则的发展

国际内部审计准则的发展如表 1-3 所示。

表 1-3 国际内部审计准则的发展

| 发布时间 | 名称 | 准则规定的审计范围或重点 | 准则规定的审计目标 |
|---|---|---|---|
| 1947 年 | SRIA No.1 | 会计和财务事项，可涉及部分业务事项 | 帮助管理者有效管理 |
| 1957 年 | SRIA No.2 | 会计、财务和其他事项 | 帮助管理者履行职责 |
| 1971 年 | SRIA No.3 | 各种业务事项 | 帮助管理者履行职责 |
| 1976 年 | SRIA No.4 | 各种业务事项 | 帮助管理者履行职责 |
| 1978 年 | 内部审计实务准则 | 各种业务事项 | 帮助管理者履行职责 |
| 1981 年 | SRIA No.5 | 组织的各项活动，包括其经济性、效率性和项目结果 | 为组织提供服务 |
| 1990 年 | SRIA No.6 | 内部控制系统的适当性、有效性、效益性 | 帮助组织成员履行职责 |
| 1993 年 | 内部审计实务标准 | 内部控制系统的适当性、有效性、效益性 | 帮助组织成员履行职责 |
| 2001 年 | 内部审计实务标准 – 专业实务框架 | 内部控制、风险评估和治理程序 | 帮助组织增加价值，改善组织运营效果 |
| 2009 年 | 国际内部审计专业实务框架 | 内部控制、风险评估和治理程序 | 帮助组织增加价值，改善组织运营效果 |

2. 我国内部审计准则的发展

（1）内部审计准则的主要内容。

中国内部审计协会自 2000 年着手制定适用于我国具体情况的内部审计准则，首批内部审计准则已经于 2003 年 6 月正式实施，随后又陆续发布了 7 批内部审计准则。内部审计准则是我国内部审计规范体系的重要组成部分，由内部审计基本准则、内部审计人员职业道德规范、内部审计具体准则、内部审计实务指南组成。

内部审计基本准则和内部审计人员职业道德规范是内部审计准则的第一层次。内部审计基本准则是内部审计准则的总纲，是内部审计机构行为的基本规范，是制定内部审计具体准则、开展内部审计活动的基础。内部审计基本准则的编号为第 1101 号，内部审计人员职业道德规范的编号为第 1201 号。

内部审计具体准则是内部审计准则的第二层次。其中，内部审计作业类准则的编号为第 2101 号至第 2109 号；内部审计业务类准则的编号为第 2201 号至第 2205 号；内部审计管理类准则的编号为第 2301 号至第 2309 号。

内部审计实务指南是内部审计准则的第三层次。内部审计实务指南包括建设项目内部审计、物资采购审计、审计报告、高校内部审计、经济责任审计等部分。

（2）内部审计准则的主要目标。

中国内部审计协会在制定内部审计准则时，确定的目标是：

- 贯彻落实《中华人民共和国审计法》及相关法律法规，使内部审计工作做到依法审计、适法而为；
- 规范内部审计机构和人员的职业行为和执业过程，保证内部审计质量，提高内部审计效率；
- 明确内部审计机构和人员的责任，发挥内部审计在加强内部控制、改善风险管理和完善公司治理方面的功能；
- 建立与国际内部审计惯例相衔接、与民间审计和政府审计准则相协调的中国内部审计准则，实现内部审计的制度化、规范化和职业化。

# 七、审计风险概述

开展风险导向内部审计前，相关人员非常有必要了解与风险相关的概念。

1. 认识风险

人们普遍将风险定义为未来生活中可能发生的一些危害和危险。这是对风险的狭义解释。本书从广义的角度解释风险的概念。

风险即未来结果的不确定性。从此概念中可以得出：风险既可以带来收益，也可以带来损失。内部审计人员应该从更广义的角度理解风险的概念。

2. 企业风险

《中央企业全面风险管理指引》中指出，企业风险指未来的不确定性对企业实现其经营目标的影响，主要分为战略风险、财务风险、运营风险、市场风险和法律风险等。

3. 审计风险

一些内部审计人员错误地认为审计风险等于企业风险，其实不然，二者之间有本质的区别。

（1）审计风险是审计师对含有重大不实事项的财务报表产生错误判断的可能性，即审计评价与被审计单位事实不符的可能性。

审计风险 = 固有风险 × 控制风险 × 检查风险

固有风险是指假定不存在相关的化解风险的控制措施，而产生的风险。

控制风险是指设计和执行相关的内部控制之后，控制未能防止或纠正错报带来的风险。例如，管理层对收入造假偏好的动因是固有风险，如果控制没能防范这种对造假偏好的风险，就属于控制风险。

固有风险和控制风险合并称为重大错报风险。

剩余风险是指管理层采取措施以减小负面事件的影响、降低其发生的可能性后仍然存在的风险。

$$剩余风险 = 固有风险 - 组织风险管理应对方式的总和$$

风险导向内部审计关注的是剩余风险，而不是组织所有的高风险领域。这类风险是组织战略目标实现过程中最大的不确定性。因为风险管理可将一部分不确定性转化为相对的确定性，所以内部审计人员无须过多关注该部分风险，而要重点关注剩余风险。

在审计项目开展过程中确认或评价固有风险、控制风险后，审计人员应确定审计重要性水平，从而降低审计风险。当然审计风险并不是越低越好，在把握审计风险的同时还要考虑审计成本，因此审计人员应平衡审计风险，将其降低至审计机构可以接受的水平。

（2）审计风险按照风险防控的一般方法可分为可控风险和不可控风险。

可控风险，如审计人员的素质、审计人员的工作态度、审计方法的选用、审计机构对审计工作的管理等因素导致的审计风险。这类风险是可以控制的。

不可控风险，如国家经济形势的变化等外部因素、被审计单位内部控制制度健全程度等内部因素导致的审计风险。

4. 审计风险控制方法

审计风险的控制方法包括自我保护法、风险回避法、风险转移法和风险承受法。

自我保护法：用于控制可控风险，具体方法包括提高内部审计人员的业务水平、深入了解被审计单位的情况、签订业务约定书、取得管理团队的证明书、保持独立性、提高审计质量的控制水平等。

风险回避法：内部审计人员不要盲目选择审计项目。

风险转移法：分清审计机构、被审计单位和其他单位的责任。

风险承受法：如建立风险基金制度、办理职业保险等方法。

## 八、内部审计定位与职能

（1）IIA 发布的《内部审计实务标准》指出，内部审计人员必须评价内部审计活动并提出适当的改进建议，以改善组织实现下列目标的治理过程。

① 做出战略决策和运营决策。

② 监督风险管理和控制。

③ 在组织内部推广正确的道德观和价值观。

④ 确保组织开展有效的业绩管理、建立有效的问责机制。

⑤ 向组织内部有关方面通报风险和控制信息。

⑥ 协调董事会、外部审计师、内部审计人员、其他确认服务提供方和管理层之间的工作和信息沟通。

（2）内部审计是组织治理的四大基石（董事会、高管团队、外部审计、内部审计）之一。

内部审计在组织治理中的作用如下。

① 通过评价本组织治理的有效性和实际业绩，可以识别治理过程中的薄弱环节，并给予恰当的建议。

② 适当提升组织的道德水平和价值。

③ 确保组织绩效管理和问责管理有效。

④ 和组织的适当部门有效地沟通风险和控制信息。

⑤ 协调董事会、外部审计师、内部审计人员和管理层的沟通。

⑥ 评价组织与道德有关的目标、方案和活动的设计、执行的效果。

（3）内部审计的职能。

内部审计能帮助组织确认并评价重要的风险暴露情况，并促进风险管理和控制系统的改进；监控、评价组织风险管理系统的效果；评价组织与完成目标有关的治理、运营和信息系统的风险暴露情况。

① 内部审计的核心职能如下。

- 对风险管理流程进行确认。

- 对风险是否已经被恰当评估进行确认。

- 评估风险管理的流程。

- 评估对关键风险的报告。

- 审查对关键风险管理的情况。

② 内部审计的合理职能如下。

- 推动风险的识别和评估。

- 指导和协助管理层应对风险。

- 协调组织的风险管理活动。

- 汇总各类风险报告。

- 支持建立组织风险管理框架。

- 保持和发展组织风险管理框架。

- 协助董事会制定风险管理战略。

③ 内部审计不应该承担的职责如下。

- 设定风险偏好。

- 执行风险管理流程。

- 对风险管理工作提供保证。

- 选择风险应对措施。

- 代表管理层实施风险应对措施。

- 对风险管理结果负责。

## 九、内部控制与内部审计的关系

内部审计在内部控制要素中具有十分特殊的地位，它既是内部控制的重要组成部分，又具有不同于其他内部控制要素的相对独立的身份，承担对其他内部控制要素再控制的职能。内部审计作为一种控制机制，不仅可直接对审计对象进行监督确认，还可通过评价和改善整个内部控制制度，从而间接影响审计对象。内部控制包含内部审计，反过来内部审计又要对内部控制水平进行评价。内部审计可评价组织内部控制的健全性和适当性，促进组织内部控制的持续改进，如通过开展内部控制专项评价等方式帮助组织保持有效的内部控制。但内部审计不能承担建立健全组织内部控制的职能，否则将会影响其独立性。

内部审计与内部控制有以下四层关系。

（1）内部审计与内部控制具有共同的最终目标——实现组织目标。

二者的最终目标是一致的，都是为了管理风险，提升组织管理效率，促进组织目标的顺利实现。《第 1101 号——内部审计基本准则》所称内部审计，是一种独立、客观的确认和咨询活动，它通过运用系统、规范的方法，审查和评价组织的业务活动、内部控制和风险管理的适当性和有效性，以促进组织完善治理、增加价值和实现目标。《企业内部控制基本规范》所称内部控制，是由企业董事会、监事会、经理层和全体员工实施的、旨在实现控制目标的过程。

（2）内部审计是内部控制的组成部分，是监督与评价内部控制的重要手段。

在内部控制整体框架的五个要素中，内部环境要素包括治理结构、机构设置及权责分配、内部审计、人力资源政策、企业文化等。内部审计是内部控制的组成部分，且内部审计也是对内部控制进行监控和评价的重要手段。内部审计负责对其他内部控制要素进行再控制，监督内部控制的运行，并进行动态评价、提出整改意见，促使内部控制系统在持续的运行中不断完善、改进，促进并保证内部控制目标的实现。

（3）内部控制的完善程度及执行情况，直接影响内部审计采取的审计程序和审计方法。

围绕组织目标对内部控制进行评估是风险导向内部审计的必要程序，在制订年度内部审计工作计划的过程中，围绕组织战略目标识别评估风险时，应采取系统规范的方法对组织内部控制进行测试，发现影响组织目标实现的剩余风险。开展具体审计项目、制定审计方案、确定审计工作重点的前提是对审计对象内部控制制度的健全性及有效性进行评估。内部审计人员应将内部控制的薄弱环节作为审计重点，从而决定实质性测试的范围，选择不同的审计程序或取证方式。

（4）内部审计与内部控制相互依存、相互促进。

内部审计和内部控制都是组织治理的内在要求，也都是组织管理的重要手段。内部控制对内部审计的健康发展起到了重要的促进作用，运行良好的内部控制系统有助于内部审计工作的顺利实施，降低审计风险，提高审计工作效率和质量，同时也有助于扩大审计领域，加快风险导向内部审计等现代审计方法的发展。组织内部若没有良好的内部控制系统，很有可能会出现内部管理混乱，从而增大内部审计的工作量和内部审计的风险，制约内部审计的发展。

内部审计是内部控制不可或缺的组成部分，也是内部控制制度完善与改进的重要手段，起着对内部控制再控制的作用。内部审计发挥作用的水平是评价组织内部控制有效性的重要指标之一。内部审计通过分析问题的原因和影响，能够帮助高层管理者健全、完善内部控制制度。

## 十、风险导向内部审计概述

1997 年，麦克宁提出了风险导向内部审计。在传统内部审计中，通常采用从右到左的路线，即直接测试内部控制，考虑内部控制是否充分有效；风险导向内部审计采取的是从左到右的路线，首先确认组织战略目标，其次分析对这些目标产生影响的风险及能够管理这些风险的内部控制，最后测试实际的内部控制并考虑其能否切实管理这些风险。

1.风险导向内部审计的特征

（1）内部审计人员在审计过程中自始至终都以组织风险评估为基础。

（2）内部审计人员会综合分析影响组织经济活动的各因素，并根据风险大小排定审计项目的优先次序。

（3）内部审计人员会依据风险水平确定实施审计的范围和重点。

（4）内部审计人员会评价组织风险管理。

（5）内部审计人员会提出建设性意见和建议。

（6）内部审计人员会协助组织管理风险，促进组织实现目标。

（7）在风险导向内部审计下，内部审计人员不会再像以前一样把精力平均分配到每个流程上，而是选择在高风险领域倾注更多精力。寻找风险点对内部审计人员的职业判断能力提出了更高的要求，但风险导向内部审计也大大提升了审计的效率，适应了经济社会发展的需要。

2.风险导向内部审计的关键绩效指标

（1）完成风险导向内部审计项目的数量。

（2）当年内部审计发现的组织风险占组织全部风险的比例。

（3）上级对内部审计工作的满意度评价。

（4）令人满意的内部审计建议数量。

（5）落实内部审计建议的比例。

（6）内部审计人员的审计效率。

（7）管理层提请开展内部审计项目的数量。

（8）内部审计工作被投诉的数量。

（9）内部审计工作得到积极主动评价的数量。

（10）内部审计中发现同一类型问题的数量。

（11）内部审计直接产生的可计量的成本节约金额。

（12）内部审计直接导致的流程改进数量。

（13）客户满意度。

（14）外部审计对内部审计的依赖程度。

3. 传统内部审计与风险导向内部审计的思维模式

传统内部审计以测试组织内部控制为起点，从右向左开展审计工作。风险导向内部审计以组织的战略目标为起点，围绕组织目标识别影响目标实现的风险，再测试重点领域内部控制的情况，锁定内部控制薄弱环节并实施相应的审计程序以发现问题，从而提出审计建议，改善组织管理，促进组织目标的实现。传统内部审计与风险导向内部审计的思维模式如图 1-1 所示。

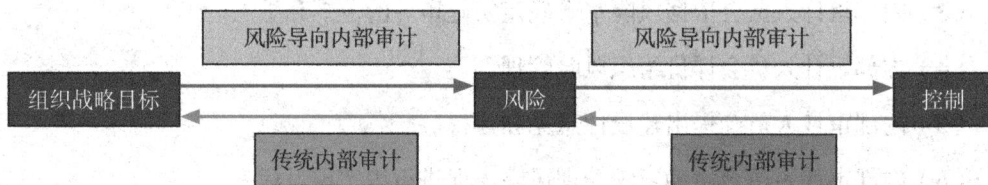

图 1-1　传统内部审计与风险导向内部审计的思维模式

# 十一、风险导向内部审计中应注意的问题

1. 途径问题

在 COSO[①] 企业风险管理框架下，内部审计是对风险管理的再管理，内部审计参与风险管理的途径有两种：风险管理内部审计和风险导向内部审计。对风险导向内部审计而言，其实施路径是对剩余风险进行确认、排序和建议。

---

① COSO 是 The Committee of Sponsoring Organizations of the Treadway Commission 的首字母缩写，译为美国反虚假财务报告委员会下属的发起人委员会。

2. 侧重点问题

风险导向内部审计遵循目标—风险—控制的顺序，重视与企业目标直接关联的风险分析，在评估企业风险管理水平时，会优先选择高风险领域的控制，并且着眼于评估具体控制对风险管理的效果。在这一审计模式下，内部审计机构不再只是强化控制，而是通过规避、转移和控制风险，使风险管理更加有效并提高企业整体经营管理的效率。

3. 资源问题

内部审计人员不能降低审计项目的重要性水平，且必须讲求实际。如果内部审计机构资源有限，就应该将其用在能得到最大收益之处。

# 十二、小测试

下列有关风险管理的说法中，哪一项是正确的？

① 因为剩余风险是不可控制的，所以不应该让它影响决策。

② 内部审计人员应避免使用风险矩阵图且应在没有外界影响的情况下评估风险。

③ 风险可以精确量化，但没有必要复杂化。

④ 风险评估应注重财务风险而不是软问题。

答案：③。

解析如下。

除非复杂的风险量化是值得做的（如衍生品的风险量化），否则最好采用简单的量化和风险等级排序方法。与其注重传统的财务风险，不如关注无形的软问题（如人力资源问题），软问题在风险评估中更重要。在决策时，剩余风险也是必须考虑的。内部审计人员可以将风险矩阵图作为一种工具来改善风险评估方法。

第二章

# 年度内部审计计划制订实务指南

## 问题提出

1. 如何制订年度内部审计计划？
2. 如何识别和评估风险？
3. 在制订年度内部审计计划时应考虑的重要因素有哪些？
4. 在制订年度内部审计计划时应注意的事项有哪些？

# 一、年度内部审计计划的主要内容

内部审计计划分年度内部审计计划和项目内部审计计划。本章提到的审计计划特指年度内部审计计划。

我国有句古话："凡事预则立，不预则废。"如何把有限的审计资源运用于组织最有价值的方面，即如何制订年度内部审计计划，解决审什么的问题，是摆在内部审计人员面前的重要问题。内部审计机构负责人要充分认识到年度内部审计计划的重要性。

1.年度内部审计计划的基本内容

①年度审计工作愿景、目标。

②具体审计项目名称及预计实施的时间、天数。

③审计项目目标、预计要达到的工作标准。

④各审计项目需要的审计资源（所需人员、专业能力、经费等）。

⑤后续审计安排。

⑥审计质量管理策略等。

2. 年度内部审计计划简易模板

年度内部审计计划简易模板如表 2-1 所示。

表 2-1　年度内部审计计划简易模板

| 序号 | 项目名称 | 完成标准 | 计划完成时间 | 主审 | 所需资源 |
|------|----------|----------|--------------|------|----------|
|      |          |          |              |      |          |
|      |          |          |              |      |          |
|      |          |          |              |      |          |

## 二、制订年度内部审计计划的步骤

（1）认真研究组织发展战略、目标、组织重要会议精神等。

（2）征求高级管理层、董事会及各职能部门、所属子公司的意见，最好采用当面沟通、访谈或调查问卷的方式。

（3）围绕组织战略目标，识别、评估影响组织战略目标实现的重大风险，评价风险管理水平，列出剩余风险清单。

（4）将剩余风险立项作为年度内部审计计划备选审计项目。在制订年度内部审计计划时，内部审计的关注重点应该是最重要的固有风险，而非剩余风险。其原因在于，只有通过审计过程对已有控制的效果进行评估后，内部审计人员才能确定剩余风险，从而针对存在的剩余风险提出审计建议。

（5）平衡内部资源与备选审计项目之间的关系后确定审计项目；对于内部审计资源不足的审计项目，备注需外部专家提供支持，待高层审批；可以以书面清单方式罗列。

（6）整合审计项目、实施年度内部审计计划的措施或方案及年度内部审计计划包括的其他内容，形成审计计划征求意见稿。

（7）就征求意见稿征求高级管理层、董事会意见，最好当面与其沟通。

（8）根据上级意见完善年度内部审计计划后报批。

（9）以开审计专题会议等方式在审计机构内部传达年度内部审计计划，并组织实施。

## 三、识别和评估风险的方法

识别和评估风险的方法主要有头脑风暴法、访谈法、问卷调查法、流程分析法等。

1. 头脑风暴法

这是一种高效的风险识别方法，俗称小组讨论，也是其他方法的基础，与其他方法组合使用效果较好。

① 组织形式：小组人数一般为 8~15 人，最好有不同专业和不同岗位的人员。

② 时间：一般为 40~60 分钟。

③ 人员设置：设主持人一名，主持人只主持会议，对与会人员提出的设想不做评论；设记录员一名，要求其认真将与会人员的每一个设想完整地记录下来。

④ 准备工作：确认主题，确定主持人、记录员，确定其他与会人员，与会人员既要对研讨主题有研究，又要懂得进行头脑风暴的原则和方法；确定场所，场所空间不要太大，也不要太小。

⑤ 要求：与会人员应畅所欲言，互相启发和激励，且必须遵守以下原则。

- 禁止批评和评论他人，也不要过于自谦。
- 目标集中，设想的数量越多越好。
- 鼓励巧妙利用和改善他人的设想，这是头脑风暴的关键所在，每位与会人员都要从他人的设想中激励自己，从中得到启示或补充他人的设想。
- 与会人员一律平等，记录员将各种设想全部记录下来；与会人员独立思考，不要私下交谈，以免干扰他人思考。
- 提倡自由发言，主意越新越好，因为这能启发他人。

2. 访谈法

访谈法是指通过与被访谈人面对面交谈了解被访谈人的观点和行为的基本研究方法，运用比较广泛。采用访谈法，需要提前制订访谈计划，编写访谈提纲。

访谈计划需要基于访谈的目的、范围、方式及被访谈人的实际情况来制订。在访谈过程中，访谈人要积极掌握访谈的内容和进度，既不能过多打断对方谈话，又不能任由被访谈人把话题转到不相关的方面，影响访谈效果。

内部审计人员在访谈法的运用上应注意的事项如下。

① 尊重被访谈人。

②保持平静，即使对方态度不佳。

③保持开放的心态。

④向管理层声明内部审计与业务目标的一致性。

⑤准备一份访谈进程表。

⑥首先访谈高级管理层，其次访谈掌握关键数据的人，最后访谈员工。

⑦让对方多说。

⑧访谈内部审计关注的重点领域，但不要表明自己的态度，特别是面对高级别的管理者时，因为这可能让他们反应过度。

3. 问卷调查法

问卷调查法被应用在很多场合。问卷的内容可以是简答题，也可以是选择题；问卷可以是纸质版的，也可以是电子版的。问卷调查法的主要优点在于标准化，所以一般来讲，问卷调查法比访谈法更易于控制，但调查问卷在一定程度上限制了被调查者提供信息的范围，很多没有被问卷涵盖的信息容易被忽视。

4. 流程分析法

在流程分析法下，不同的人会为了达成特定的目标共同完成一系列活动，这些活动之间不仅有严格的先后顺序，而且活动的内容、方式、责任也有明确的安排。在采用该方法时，首先把企业的管理和业务流程图画出来，然后对流程的每一个阶段、每一个环节进行调查分析，从中发现潜在的风险，找出风险发生的原因，最后结合实际情况和相关资料，确定风险发生的可能后果。

流程分析法具体的操作步骤如下。

第一步，梳理流程，找到关键节点，针对流程的每一个步骤，判断其是否为关键节点，同时还要特别关注过去曾经发生事故的节点。

第二步，针对关键节点分析可能发生的风险事件，从正常、异常和紧急三种状态出发，分析事件发生的原因及后果。

第三步，查看关键节点是否已有控制措施、是否有规范性的制度，以及员工是否有能力预防或阻止该潜在事件发生，然后把这些信息作为风险描述记录下来，最后做正式的风险确认。

5. PESTEL 分析模型

PESTEL 分析模型又称大环境分析，是分析宏观环境的有效工具，不仅能够用于分析外部环境，而且能够用于识别对组织有冲击作用的力量。它是调查组织外部影响因素的方法，PESTEL 的每一个字母代表一个因素，共有六个因素：政治（Political）因素、经济（Economic）因素、社会文化（Sociocultural）因素、技术（Technological）因素、环境（Environmental）因素和法律（Legal）因素。

① 政治因素是指对组织经营活动具有实际与潜在影响的政治力量和有关的政策、法律及法规等因素，举例如下。

- 对组织战略有影响的法律法规。
- 政府的管制和管制解除。
- 政府采购规模和政策。
- 特别关税。
- 财政和货币政策的变化。
- 特殊的地方及行业规定。
- 进出口限制。
- 他国的政治情况。
- 政府的预算规模。

② 经济因素是指组织外部的经济结构、产业布局、资源状况、经济发展水平及未来的经济走势等，举例如下。

- 经济转型情况。
- 居民可支配收入水平。
- 消费模式。
- 劳动生产率水平。
- 股市走势。
- 进出口因素。
- 地区间居民收入和消费习惯的差别。
- 劳动力及资本输出情况。
- 居民的消费趋向。
- 通货膨胀率。
- 货币市场利率。

- 汇率。

- 国民生产总值变化趋势。

③ 社会文化因素是指组织所在社会的历史发展、文化传统、价值观念、教育水平以及风俗习惯等因素，举例如下。

- 组织或行业的特殊利益集团。

- 居民的生活方式。

- 公众道德观念。

- 公众对环境污染的态度。

- 公众的价值观、审美观。

- 公众对售后服务的态度。

④ 技术因素不仅包括那些引起革命性变化的发明，还包括与组织生产有关的新技术、新工艺、新材料等，举例如下。

- 组织在生产经营中使用的技术。

- 这些技术对组织的重要程度。

- 组织外购的原材料和零部件涉及的技术。

- 至关重要的外部技术。

- 组织可以持续利用的外部技术。

- 相关技术最近的发展动向，掌握最新技术动态的组织。

- 相关技术在未来会发生的变化。

- 组织对以往的关键技术曾进行的投资。

- 组织的技术水平和竞争对手的差别。

- 组织及其竞争对手在产品开发和设计、工艺革新和生产等方面进行的投资。

- 外界对各组织的技术水平的主观排序。

- 组织的产品成本和增值结构。

- 组织现有的能够应用的技术及其利用程度。

- 组织要实现目前的经营目标需要拥有的技术资源。

- 组织的技术对组织竞争地位的影响。

⑤ 环境因素是指能够与组织的活动、产品或服务发生相互作用的因素，举例如下。

- 组织概况（如规模、产品结构）。

- 组织所在行业的发展趋势。

- 组织所在行业对相关行业的影响。

- 组织所在行业对其他行业的影响。

- 组织所在行业对非产业环境的影响（自然环境、道德标准）。

- 媒体关注组织所在行业的程度。

- 组织所在行业的可持续发展空间。

- 全球相关行业的发展趋势。

⑥ 法律因素是指组织外部的法律法规、司法状况和公民法律意识等所组成的综合系统，举例如下。

- 世界性公约、条款。

- 基本法。

- 行业相关法律法规。

- 行业公约。

6. 波特五力分析模型

波特五力分析模型由迈克尔·波特于 20 世纪 80 年代初提出，他认为行业中存在着决定竞争规模和程度的五种力量，这五种力量综合起来影响着行业的吸引力。这五种力量分别是：同行业内现有竞争者的竞争能力、潜在竞争者进入的能力、替代品的替代能力、供应商的讨价还价能力、购买者的议价能力。在制定战略时，企业的内部环境，如资源和能力，比外部环境更重要。这一模型同时指出，企业本身的资源和能力提供了战略基础。企业战略应有助于企业抓住机遇，有效地利用自身的核心竞争力。企业的目标是获取超额利润，而超额利润的重要来源之一是资源基础模型。

7. SWOT 分析

S（Strengths）代表优势，W（Weaknesses）代表劣势，O（Opportunities）代表机会，T（Threats）代表威胁。按照企业竞争战略的完整概念，战略应是企业"能够做的"（即组织的强项）和"可能做的"的有机组合。

8. 风险矩阵图

风险矩阵图是一个有效的风险管理工具，可用于分析、评估项目的风险，并且可以用于划分项目风险等级。图 2-1 为风险矩阵图，其横轴代表风险对业务的影响程度，纵轴代表风险发生的可能性。其中，浅灰色区域为低风险领域，代表非预防性风险；深灰色区域为高风险领域，代表预防性风险。区域的颜色越深，代表风险程度越高。

依据风险矩阵图，内部审计应关注高风险领域。在实践中，高风险领域的审计项目能为内部审计人员带来更大的机遇，因为通常该领域存在过度控制的情况。如果内部审计人员能识别出不必要的控制或管理活动，并提出建议，那么会对组织有较大的增值作用。

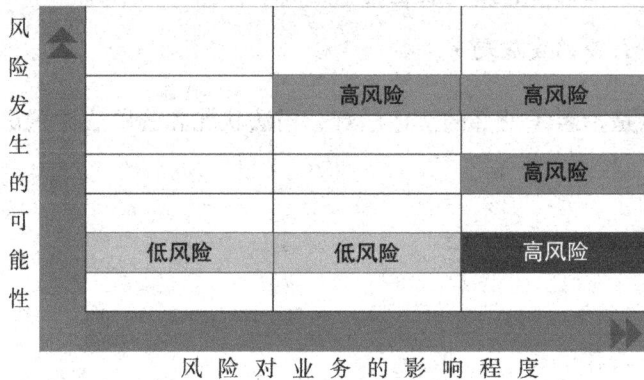

图 2-1　风险矩阵图

# 四、制订年度内部审计计划应考虑的因素

在制订年度内部审计计划时，内部审计人员要考虑的因素比较多，且会因组织所在行业经营环境的不同而发生变化，以下列出了部分应该考虑的因素。

1. 外部因素

（1）外部环境包括政治、经济、社会和技术等因素。

（2）组织的战略目标、年度目标及业务活动重点。

（3）影响组织战略目标实现的风险及相关风险管理程序、管理水平，尤其要关注固有风险非常高的领域。

（4）对相关业务活动有重大影响的法律法规、政策、计划和合同。

（5）相关业务活动的复杂性及其近期变化。

（6）相关人员的能力及其岗位的近期变动情况。

（7）以往审计发现问题的发生频次、整改情况，以及对组织战略目标实现的影响程度。

（8）审计范围及审计资源。

（9）其他与组织战略目标有关的重要情况。

2. 内部因素

（1）审计团队人数，团队成员的专业、经验及胜任能力。

（2）能否聘请外部专家。

（3）审计经费情况等。

3. 其他因素

除上述因素外，一般情况下制订年度内部审计计划时，还应该考虑以下因素。

- 支出额或收入额。

- 业务量。

- 管理层和员工的胜任能力。

- 合作伙伴、监管要求等。

- 对内部控制的评估。

- 该审计项目可能带来的价值。

- 审计项目的持续时间。

- 本次审计与上次审计的间隔。

- 确认水平，即外部审计的确认或外部审计的结果利用情况。

- 新兴风险（Emerging Risk）。新兴风险是指环境、技术、目标、认知的变化带来的、之前没有遇到过、不易量化或觉察的风险，如人工智能、云计算、虚拟现实、无人驾驶、物联网等带来的风险。

- 网络安全。

- 数据保护。

- 第三方风险。

- 董事会和管理层活动。

# 五、必选审计项目

下列审计项目应当作为必选审计项目。

（1）单位制度规定每年应当审计的项目。

（2）单位负责人和相关主管部门要求审计的项目。

（3）上级审计机构安排或授权的审计项目。

（4）已经接受的咨询业务。

## 六、制订、执行年度内部审计计划时应规避的事项

（1）从不制订年度内部审计计划。

（2）年度内部审计计划中列举的审计项目来源不明、不符合实际，项目的选择不以风险为导向。

（3）年度内部审计计划未经董事会或上级领导审批就开始实施，导致审计立项程序不规范。

（4）年度内部审计计划与具体执行两张皮。

（5）不根据组织内外部环境变化对年度内部审计计划做必要的调整。

（6）忽略外部监管体系和上级要求，未将必审项目列入年度内部审计计划。

（7）年度内部审计计划与审计机构拥有的审计资源不匹配，如内部审计人员的能力不够且没有外部专家介入，导致审计项目未能达成预期审计目标。

（8）年度内部审计计划只有审计机构负责人一人知道，对其他审计团队成员保密。

## 七、与年度内部审计计划相关的注意事项

（1）年度内部审计计划应经集团董事会或最高管理层批准后报送上级主管部门。

（2）审计机构应当根据批准后的年度内部审计计划组织开展审计工作。

（3）审计机构负责人应当定期检查年度审计计划的执行情况，评估执行效果。根据外部市场变化及内部经营管理情况的变化，审计机构负责人可以申请对年度审计计划的内容进行调整，并按内部审计制度规定的程序报批。

（4）审计机构负责人应当根据年度内部审计计划确定审计项目的性质、项目完成的时间要求，合理安排审计资源，制作年度审计重点工作任务分解表（见表2-2）。

表2-2 年度审计重点工作任务分解表

| 序号 | 业务板块 | 高风险领域 | 审计目标 | 审计项目名称 | 预计完成时间 | 备注1 | 备注2 |
|---|---|---|---|---|---|---|---|
|  |  |  |  |  |  |  |  |
|  |  |  |  |  |  |  |  |

## 八、风险信息的来源

（1）董事会和管理层关注的审计重点及需求。

（2）企业发展战略。内部审计人员需要考虑运用 PESTEL 分析模型、SWOT 分析方法等分析企业发展战略的风险因素。

（3）风险评估结果。内部审计人员需要对已经列入风险评估报告的风险进行筛选，确定审计范围。其中，没有超过企业风险容忍范围，不需要采取进一步行动的风险不需要审计；由于风险的性质，企业决定承受的风险也无须审计；以前的审计中已证实被控制在风险容忍范围之内的风险无须审计。剔除上述风险后，剩下的风险就是需要通过审计活动进行确认的风险。

（4）外部审计中反映的问题。

（5）以往的审计中发现的本年度需要跟踪、落实整改情况的问题。

（6）风险预警体系中反映的问题。

（7）各职能部门反映的问题。

（8）年度企业财务预决算反映的情况及问题。

（9）基层单位反映的热点、难点问题。这些问题主要通过审计需求调查来发现，方法有发放调查问卷、开通举报热线及由基层单位主动提出要求等。

（10）内部控制评价结果。其主要体现在企业的内部控制自我评价报告和会计师事务所出具的内部控制评价报告中。

（11）以往年度其他各类检查结果，包括纪检、财检及税务检查等发现的问题。

（12）审计机构认为需要进行审计的其他风险。

## 九、职业审慎

1. 职业审慎概述

职业审慎是指内部审计人员在复杂的环境下，能运用自己的专业知识，识别出损害组织利益的行为。内部审计人员必须具备并保持合理的审慎水平和胜任能力。

内部审计人员应当对影响目标、运营或资源的重大风险保持敏感。职业审慎不是绝无差错或业绩优异，而是要求内部审计人员在合理的程度上开展检查和核证工作，但不要求对所有的交易进行详细检查。即使内部审计人员以应有的职业审慎开展工作，也不能保证发现所有重大的风险，更不能绝对保证组织不存在不遵守规定或违法乱纪的现象。

2. 内部审计人员如何把握职业审慎

内部审计人员应从以下五个方面把握职业审慎，如未认真对待以下五个方面的问题，内部审计人员就有被问责的风险。

（1）警惕被审计单位舞弊。

内部审计人员应重点关注被审计单位是否存在以下情况。

- 故意犯错和遗漏。
- 利益冲突。
- 违法行为。
- 对部分领域的控制不够充分。

（2）对于确认业务中的职业审慎，内部审计人员须考虑以下因素。

- 为实现业务目标需要开展工作的范围，即紧紧围绕组织目标开展工作。
- 所要确认事项的相对复杂性、重要性或严重性，即把握审计组是否具有胜任能力。
- 治理、风险管理和控制过程的适当性和有效性。
- 与潜在效益相对的确认成本，即把握审计成本。

（3）对于咨询业务中的职业审慎，内部审计人员应当了解以下事项。

- 咨询结果的性质、时限与沟通情况。
- 开展咨询业务的可能动机、原因。
- 实现咨询业务目标所需要做的工作的相对复杂性和范围。
- 与潜在效益相对的咨询业务成本，包括开展咨询工作所需要的技能与资源。
- 咨询工作为组织带来的潜在收益。

（4）职业审慎应把握好技术方法的采用。

内部审计人员在审计中应考虑利用先进技术，如大数据分析技术等，但应确保数据安全。

（5）其他应该保持审慎的方面如下。

- 首席审计执行官应根据风险制订年度内部审计计划，确定符合组织目标的内部审计工作的重点，即审计立项时要考虑组织目标。

- 内部审计人员应当只从事他们具备必要的知识和经验的服务活动。

- 如果内部审计人员缺乏开展全部或部分审计业务所需的知识、技能或其他能力，首席审计执行官必须向他人寻求充分的专业建议和协助。

- 当内部审计人员缺乏完成全部或部分咨询业务所必需的知识、技能或其他能力时，首席审计执行官必须拒绝开展此项业务或寻求充分的建议和协助。

- 内部审计人员不应盲目开展工作，否则就是对组织、对自己的不负责。

## 十、年度内部审计计划案例

某集团的年度内部审计计划如下。

1. 集团层面风控体系建设

内部审计机构主导集团层面风控体系建设，下达风控体系建设通知。各职能部门（简称"各部门"）、各经营单位（简称"各单位"）紧紧围绕集团战略目标，按照《内控基本规范》和《应用指引》的要求，根据自身的认识并参考《审计法务发现共性问题清单》，对集团层面的风险进行识别和评估，按照风险大小和发生的可能性依次排列出前十大风险，填写20××年集团层面风险识别和评估表。内部审计机构进行汇总，并将汇总结果与集团管理团队沟通，指定风险管理责任人，并确认风险管理措施、完成标准、预计完成时间等事项，形成集团层面风险管理实施方案，经集团总裁签发公布实施。具体步骤如下。

（1）各部门及各单位围绕集团战略目标，对集团层面存在的风险进行识别、评估并上报集团内部审计机构。

（2）内部审计机构整合风险评估信息形成集团风险库，针对前十大风险提出风险管理实施方案。

（3）风险管理实施方案经集团管理团队审定，由集团总裁签发。

（4）各风险管理责任人负责执行风险管理实施方案。

（5）内部审计机构跟踪风控体系建设情况并考评、通报。

2. 业务层面风控体系建设

各单位紧紧围绕各自的年度战略或绩效目标开展业务层面风控体系建设，参考《审计法务发现共性问题清单》，梳理影响核心目标达成的因素，分析影响核心目标达成

的风险（或障碍），填写 20×× 年业务层面风险识别和评估表并执行到位。具体步骤
如下。

（1）各单位宣贯并分解 20×× 年战略目标或绩效目标。

（2）各单位识别和确定达成战略或绩效目标的方法及影响目标达成的前十大风险
（或障碍）。

（3）各单位制定风险管理实施方案（内容包含风险管理责任人、完成标准、管理措
施、完成时间等）。

（4）将风险管理实施方案上报集团内部审计机构审核并完善。

（5）风险管理实施方案经集团管理团队审定，由集团总裁签发。

（6）内部审计机构跟踪风控体系建设情况，考核、评价风险管理水平并通报。

3．风控体系建设步骤及分工

（1）准备阶段（20×× 年 ×× 月 ×× 日—20×× 年 ×× 月 ×× 日）。

- 成立全面风险管理领导小组。
- 落实组织分工。
- 下发实施通知。

（2）实施阶段（20×× 年 ×× 月 ×× 日—20×× 年 ×× 月 ×× 日）。风控体系
建设实施方案如表 2-3 所示，影响核心目标达成的主要因素如表 2-4 所示。

表 2-3　风控体系建设实施方案

| 序号 | 任务 | 时间 | 责任部门 | 具体工作 |
|---|---|---|---|---|
| 1 | 风险识别、评估 | 20×× 年 ×× 月 ×× 日 | 集团各部门、各单位 | 填写集团层面和各自业务层面风险识别和评估表 |
| | | | | 上报集团层面和各自业务层面风险识别和评估表 |
| 2 | 风险管理 | 20×× 年 ×× 月 ×× 日 | 内部审计机构 | 下发集团层面风险管理实施方案 |
| | | | | 下发业务层面风险管理实施方案 |
| | | 20×× 年 ×× 月 ×× 日 | 内部审计机构、集团各部门、各单位 | 季度风险管理实施情况报告 |

表 2-4 影响核心目标达成的主要因素

| 以前年度审计法务发现的共性问题 | 共性问题清单 |
|---|---|
| 内控机制 | 组织管理（如企业文化、团队人才盘点、团队建设、集团核心价值观践行等）情况 |
| | 会计系统控制（如对收入、成本费用、债权债务、会计核算等的控制） |
| | 授权（如产品定价权等）审批控制（各级管理人员应当在授权范围内行使职权和承担责任） |
| | 财产保护控制 |
| | 预算控制 |
| | 团队激励措施 |
| | 运营分析（定期开展运营情况分析，发现存在的问题，及时查明原因并加以改进） |
| | 重大风险预警机制和突发事件应急处理机制 |
| 其他 | 舞弊风险防范（配合集团反舞弊机制） |

（3）总结阶段（20××年××月××日—20××年××月××日）。

内部审计机构向董事会、集团管理团队提报全面风险管理年度报告，并编制汇总分析报告，供董事会、集团管理团队及各单位负责人参考。

4. 各单位需完成的具体工作

（1）参考《审计法务发现共性问题清单》，对集团层面的风险进行识别和评估，按照风险大小和发生的可能性依次排列出前十大风险，完成20××年集团层面风险识别和评估表，并于20××年××月××日前将该表发送至审计法务部。

（2）参考《审计法务发现共性问题清单》、影响核心目标达成的主要因素，分析影响战略或绩效目标达成的风险或障碍，形成风险清单，并填写20××年业务层面风险识别和评估表，经该单位第一负责人签批（原则上一个单位只有一份汇总表），并于20××年××月××日前将该表发送至审计法务部。

（3）指定1名兼职风控联络人。

5. 针对高管层的风险调查问卷（模板）

**尊敬的各位集团领导：**

您好！根据集团20××年十大战略任务之一（集团风控体系建设）的安排，现启动风险识别、分析、评估、应对工作，旨在通过系统、有效的识别风险，为××控股集团风控体系建设（统一的风险管理文化、科学的法人治理结构、明确的部门分工、严密的授权审批制度、有效的内部审计制度）奠定基础。

感谢您的大力支持！本次调查采用无记名方式，请您在选中的答案前打"√"。

1. 您对风险管理了解的程度如何？

□很了解　　　　□了解　　　　□知道一些　　　□不清楚

2. 您认为实施全面风险管理的必要性如何？

□很有必要　　　□有必要　　　□一般　　　　□不必要

3. 您认为集团高管层对风险管理的重视程度如何？

□非常重视　　　□重视　　　　□一般　　　　□不重视

4. 您认为下面哪类风险管理最关键？（可以多选）

□战略风险　　　□财务风险　　　□市场风险　　□运营风险

□法律风险　　　□投资风险

5. 请根据风险发生的可能性和影响程度，选择您最关注的集团十大风险。（可以多选）

□品牌损失的风险　　　　　　　□治理结构不健全的风险

□变革失败的风险　　　　　　　□研发可靠性的风险

□竞争风险　　　　　　　　　　□产品可靠性的风险

□政策风险　　　　　　　　　　□安全环保的风险

□团队管理的风险　　　　　　　□企业文化融合度的风险

□高管违规操作的风险　　　　　□财务管理不合规的风险

□合同管理把关不严的风险　　　□资金链断裂的风险

□重大决策法律审核不严的风险　□盲目扩大公司规模带来的风险

□超速发展带来的风险　　　　　□审计监督不严的风险

□资产监管链条过长带来的风险　□投资决策失误带来的风险

□控股公司管控不到位带来的风险　□股权处置不当带来的风险

□股东和公司高管层缺乏有效监督和约束机制的风险

□授权不合理的风险

6. 除以上风险外，您认为目前集团面临的较大的风险还有哪些？

7. 您对集团实施全面风控体系建设有何意见？

# 十一、小测试

（1）风险导向内部审计，以_____为起点，关注组织的剩余风险。

（2）在制订年度内部审计计划时，内部审计人员需关注的是_____。

A. 审计风险                  B. 企业风险

（3）年度内部审计计划与审计项目计划是一回事。（   ）

A. 正确                      B. 错误

答案：（1）组织目标；（2）B；（3）B。

第三章

# 内部审计项目
# 准备阶段实务指南

## 问题提出

1. 内部审计项目准备阶段的基本程序是什么?
2. 在何时下发审计通知书?
3. 审计资料清单包含的内容是什么?
4. 如何开展审前调查?
5. 如何识别被审计单位存在的风险?
6. 如何制定审计实施方案?

## 一、内部审计项目准备阶段的里程碑事件

在实施内部审计前,审计人员应做好充分的准备工作。里程碑事件是指标志性的事件,一般用在项目管理中,内部审计工作是标准的项目管理工作,因此也叫内部审计项目。内部审计项目准备阶段的里程碑事件有下发审计通知书、审前调查、编制审计实施方案、审前培训等。内部审计项目准备阶段的基本程序如图 3-1 所示。

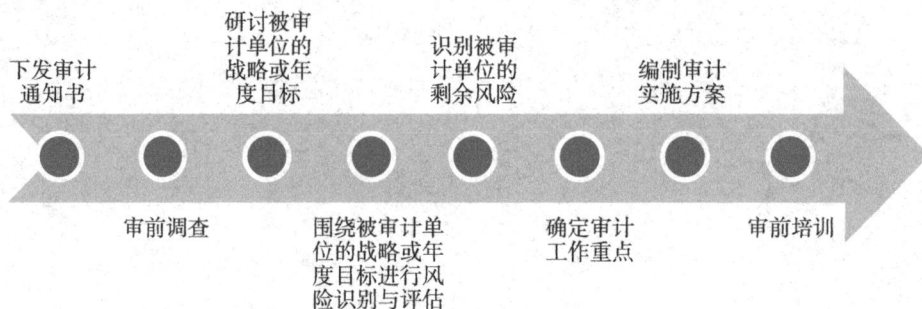

**图 3-1 内部审计项目准备阶段的基本程序**

## 二、内部审计项目的规范化

为保证审计工作质量，防范审计风险，内部审计项目应规范化。这要求内部审计工作必须有一定的规范程序、规范表单和规范行为。内部审计项目准备阶段主要工作及具体说明如表 3-1 所示。

**表 3-1 内部审计项目准备阶段主要工作及具体说明**

| 主要工作 | 详细描述及说明 |
| --- | --- |
| 组建审计组 | 审计总监根据年度内部审计计划安排，确定审计项目实施时间，组建审计组并指定审计项目主审，实行主审负责制 |
| 召开审计项目初始会议 | 1. 让审计组成员知晓本次审计工作的相关事宜，明确计划阶段应完成哪些方面的准备工作，以保证整个审计工作有效率和效果<br>2. 审计项目主审应说明与完成本次审计工作相关的重要事项，包括介绍被审计单位的基本情况，上一次或过去审计的结果，以及管理团队的一些特殊要求等<br>3. 审计组开展审前调查，了解和掌握被审计单位的基本情况、收集相关政策、法规及公司章程、组织架构、以前的审计工作底稿、审计报告等<br>4. 结合被审计单位的组织目标，评估其风险水平，确定关键控制点；对被审计事项的重要性和风险做出合理评估，初步确定审计的重点领域 |
| 下发审计通知书 | 1. 审计通知书应经审计总监审核、总裁审批，审计组应提前 3 个工作日向被审计单位发出书面审计通知书，并经被审计单位签收，特殊情况下可在实施审计时将审计通知书送达<br>2. 审计通知书主要用于向被审计单位说明审计组的人员组成，初步确定审计目标和范围、时间安排及需准备的资料 |
| 编制审计实施方案 | 1. 审计项目主审编制审计实施方案并在现场审计过程中持续完善，审计实施方案一般包含项目时间安排、审计范围、程序、审计重点和人员分工等内容<br>2. 审计项目主审组织全组成员对审计实施方案进行讨论，经审计组一致通过后，报审计总监批准后实施 |

## 三、内部审计项目审前调查

在风险导向内部审计中，在准备阶段，内部审计机构应根据年度内部审计计划做好以下准备工作：组建审计组、下发审计通知书、实施审前调查、对被审计单位进行风险识别及评估、确定审计重点、编制审计实施方案等。审前调查是决定审计项目成败的关键。审计组可制作调查问卷连同审计通知书一并发给被审计单位。注意，在设计调查问卷时，第一需把握重要风险点，第二需对被审计单位基本情况进行调查。

在审前调查中，内部审计人员应当通过现场问询、基本资料收集等方式了解被审计单位总体情况及相关业务执行情况。内部审计人员可在审前调查阶段收集被审计单位的财务数据和业务数据，将初步发现的重大风险问题、疑点线索等融入审计实施方案，做到有的放矢。

1. 调查被审计单位的基本情况

对于初次涉及的被审计单位，内部审计人员可设计一些简单的问题，以初步了解相关情况。

被审计单位基本情况一览表如表 3-2 所示。

表 3-2 被审计单位基本情况一览表

| | 单位名称 | | | 法人代表 | | 总经理任职时间 | |
|---|---|---|---|---|---|---|---|
| 一、**基本情况** | 一般/小规模纳税人 | | 注册地 | | 注册时间 | 目前员工人数 | |
| | 董事会成员 | | 主要领导班子（含财务负责人） | | | | |
| | 经营范围（以营业执照为准） | | | | | | |
| | 所使用软件的名称（含财务、库存、收银等软件） | | | | | | |
| | 投资、担保情况 | | | | | | |
| | 法律纠纷情况 | | | | | | |
| | 媒体曝光情况 | | | | | | |

（续表）

| | 投资者名称 | 注册资本 | | 备注 |
|---|---|---|---|---|
| | | 金额 | 投资比例（%） | |
| 二、股权结构 | | | | |
| | | | | |
| | | | | |
| | | | | |
| | 合计 | | | |
| 三、分、子公司设立情况 | 子公司名称 | 注册地 | 设立时间 | 股份占比（%） |
| | 分公司名称 | 注册地 | 设立时间 | 分公司负责人 |
| 四、组织结构（含各职能部门、分公司、子公司） | | | | |
| 五、市场竞争情况 | 主要竞争对手 | | | |
| | 行业对标单位 | | | |
| | 主要竞争优势及劣势 | | | |
| 六、绩效、经营情况 | 上一年绩效完成情况 | | 当年绩效完成情况（累计至上月） | |
| | 前两年经营收入、盈亏情况 | | 当年经营收入、盈亏情况（累计至上月） | |
| 七、清算解散原因 | 从公司内外部对原因进行剖析 | | | |
| 八、其他 | 对各职能部门的建议或需要审计帮助的事项 | | | |

备注：1. 表格内相关内容均需填列，如无此项内容就填写"无"

　　　2. 请如实填写

| 填表人（签字）： | 单位负责人（签字）： |
|---|---|
| 日期： | 日期： |

2. 审前调查方法

审前调查并不是一项轻松的工作，内部审计人员要按照审计实施方案提出的审计目标，围绕工作重点，对获得的信息进行反复推敲、筛选，才能取得事半功倍的效果。

审前调查的目标是了解被审计单位各方面的情况。如果内部审计人员对被审计单位的情况不了解，难免在审计的相关方面顾此失彼，这甚至会带来极大的审计风险。常用的审前调查方法主要有以下四种。

（1）成果应用法。对被审计单位近年来的审计报告、监察报告、事故报告中的结论进行系统性的分析，从以往报告反映的成绩和问题中，快速寻找当前审计工作的重点方面。该方法涉及的资料包括历年的审计报告、监察报告、事故报告等。

（2）数据分析法。审计组针对被审计单位的财务数据、生产数据、经营数据、人力资源数据等，系统性地开展审计分析，根据审计分析模型，针对异常数据梳理出审计线索清单。能直接远程核实相关信息的，则直接编制审计工作底稿；无法远程核实而需要到现场核实的相关信息，则编制疑似问题线索清单并注明现场需核实什么、现场查证的方法及需要特别关注的问题。该方法涉及的资料包括各信息系统导出的数据信息等。

（3）会议纪要法。内部审计人员通过系统分析会议纪要可以快速、便捷地掌握被审计单位发生了哪些事件、遇到问题怎么解决的及其结果是什么，以及还有哪些问题未解决。另外，内部审计人员还需要结合"三重一大"审计要点的具体要求，如"三重一大"制度的制定情况、执行情况及执行的效果情况开展审计。该方法涉及的资料包括各种类型的会议纪要等。

（4）个别走访法。根据之前的分析结果，内部审计人员可以有针对性地对一些在关键岗位和特殊领域工作的人员进行走访，以便在深层次了解被审计单位情况的前提下，规范内部审计人员运用审计重要性，认真评估审计风险，验证部分审前调查的结论，准确预测审计风险源。

3. 审前调查新思路

内部审计人员在审前调查中运用分析性复核能达到事半功倍的效果。运用分析性复核的关键是内部审计人员要了解各种经营数据之间的内在逻辑关系。如果这一点没理清，分析性复核将会成为内部审计人员的烦恼，甚至会被认为毫无意义。有时候，在分析性复核中还要运用非数据化的信息，比如在建筑施工中，如果某城市对扬尘控制的政策特别严格，那么其必然对工期有影响，内部审计人员在检查工期违约情况时就应该考虑这些因素。

## 四、评估内部审计项目风险

1. 评估内部审计项目风险时应考虑的因素

（1）被审计单位的战略目标、年度目标及业务活动重点。

（2）影响被审计单位战略目标实现的风险及相关风险管理程序、管理水平，尤其要关注固有风险非常高的领域。

（3）对相关业务活动有重大影响的法律法规、政策、计划和合同。

（4）相关业务活动的复杂性及其近期变化。

（5）相关人员的能力及其岗位的近期变动情况。

（6）以往审计发现的问题的发生频次、整改情况，以及对被审计单位战略目标实现的影响程度。

（7）审计范围及审计资源。

（8）其他与被审计单位战略目标有关的重要情况。

（9）审计团队人数，以及团队成员的专业、经验、胜任能力。

（10）能否聘请外部专家。

（11）审计经费情况等。

2. 内部审计项目风险评估的程序

（1）确定风险维度。

（2）确定风险准则。

（3）估计风险对业务的影响程度及风险发生的可能性。

（4）确定风险大小。

（5）确定风险等级。

（6）绘制风险矩阵图。风险矩阵图示例如图 3-2 所示。

| | | | |
|---|---|---|---|
| 风险发生的可能性 | 1~2 年发生 1 次 | 4 | 7 | 9 |
| | 3~10 年发生 1 次 | 2 | 5 | 8 |
| | 10 年以上发生 1 次 | 1 | 3 | 6 |
| | 金额小于 10 万元 | 金额为 10 万元~50 万元 | 金额大于 50 万元 |
| | 没有明显的违规 | 较严重的违规 | 非常严重的违规 |

风险对业务的影响程度

**图 3-2　风险矩阵图示例**

## 五、编制审计实施方案

在缺失审计实施方案的审计项目中，审计组犹如无头的苍蝇，四处乱撞，这会导致审计失败，审计目标无法达成。审计实施方案的质量影响内部审计的效果和效率。

1. 审计实施方案的编制人、审核人

审计组组长负责编制审计实施方案，经审计总监批准后实施；过程中如有调整，审计组组长调整后经审计总监批准后实施。

2. 审计实施方案应包括的重要信息

（1）审计项目名称。

（2）审计目标和审计依据。

（3）审计范围和期间。

（4）审计重点、审计程序及主要审计取证方式。

（5）审计责任分配。

（6）审计时间进度（根据项目里程碑事件确定）。

（7）审计工作纪律等。

3. 前期了解与分析性复核是编制审计实施方案的关键

在编制审计实施方案时，对审计项目的前期了解和分析性复核这两步非常重要。前期了解既是制定方案前的准备工作，也是制定方案的实际步骤。很多内部审计人员审计实施方案做得不好，是因为没开好头，把方案看作固定格式的文件，在其中填空。这样做就失去了编制方案的意义。前期了解审计项目涉及的制度、流程等是必需的，这也是内部审计人员容易想到的，但为了让审计工作顺利开展，内部审计人员还要重视了解与审计相关的组织架构的设置、参与人员，尤其是领导的基本情况、公司的战略规划等方面。否则内部审计人员很容易陷入具体的业务事件中，形成失之偏颇的审计结论。分析性复核运用指引如表 3-3 所示。

表 3-3　分析性复核运用指引

| | |
|---|---|
| 适用范围 | 确认业务活动信息的合理性 |
| | 超出预期的差异 |
| | 预期的差异没有出现 |
| | 潜在的错误 |
| | 潜在舞弊或违法行为 |
| | 其他非正常或非常规交易或事件 |
| 需考虑的因素 | 被审计领域的重要性 |
| | 对被审计领域的风险管理的评价 |
| | 内部控制系统的适当性 |
| | 财务信息和非财务信息的可获得性和可靠性 |
| | 分析性复核预期结果的准确性 |
| | 组织所在行业有关信息的可获得性和可比性 |
| | 其他审计程序为审计结果提供支持的程度 |
| 方法 | 比率分析 |
| | 趋势分析 |
| | 结构分析 |
| | 回归分析 |
| | 合理性测试 |
| | 其他技术方法 |

（续表）

| | |
|---|---|
| 结果处理 | 确定实际与预期之间的差异是否由舞弊、错误或条件变化引起；询问管理层产生差异的原因，并通过调整预期、重新估算差异或采用其他审计程序等方法，证实管理层的解释；就未被充分解释的结果或关系，与高级管理层和董事会进行沟通，并根据实际情况采取适当的行动，如扩大审计范围，执行其他审计程序，实施进一步的审查，以便得出审计结论 |

4. 审计实施方案（模板）

审计实施方案（模板）如表 3-4 所示。

表 3-4　审计实施方案（模板）

| 审计项目名称 | ××有限公司审计 | | |
|---|---|---|---|
| 审计依据 | 20××年度内部审计计划及公司相关制度 | | |
| 审计目标 | | | |
| 审计范围 | | 审计方式 | |
| 审计组成员 | 组长： | 主审： | 组员： |
| 审计重点与人员分工 | 审计重点 | 具体内容 | 人员分工 |
| | | | |
| | | | |
| | | | |
| 具体步骤 | 准备阶段（时间：　　） | 具体工作 | 执行人 |
| | 1 | 下发审计通知书 | 主审 |
| | 2 | 组建审计组并召开审计组初次碰头会 | 主审 |
| | 3 | 搜集资料并进行分析性复核，确定审计重点 | 组员 |
| | 4 | 草拟审计实施方案 | 主审 |
| | 实施阶段（时间：　　） | 具体工作 | 执行人 |
| | 1 | 召开审计进场会 | 组员 |
| | 2 | 通过检查、询问、观察、分析性复核等审计方式获取充分适当的审计证据，发现亮点或问题点，与当事人充分沟通后，形成审计工作底稿（一事一稿） | 主审 |
| | 3 | 审计工作底稿需被审计单位签字 | 组长 |
| | 报告阶段（时间：　　） | 具体工作 | 执行人 |

（续表）

| 具体步骤 | 1 | 撰写审计报告（离场后一周内）。各成员就负责的内容撰写审计小报告，由主审汇总，主审负责撰写整体审计报告征求意见稿 | 组员 |
| --- | --- | --- | --- |
| | 2 | 征求被审计单位意见 | 组长 |
| | 3 | 呈报审计报告 | 审计总监 |
| | 终 结 阶 段（时间：  ） | 具体工作 | 执行人 |
| | 1 | 下发审计报告，并根据总裁批示进行落实 | 主审 |
| | 2 | 下发审计处理意见并跟踪落实整改情况 | 主审 |
| | 3 | 审计资料按项目归档 | 主审 |
| 编制人 | | 审计总监签批： | |

相应的审计责任分配清单如表 3-5 所示。

表 3-5　审计责任分配清单

| 项目名称 | | | | | | | | |
| --- | --- | --- | --- | --- | --- | --- | --- | --- |
| 编号 | 审计实施方案确定的具体审计事项 | 责任人 | 计划完成时间 | 完成标准 | 调整事项 | 实际完成情况 | 是否完成 | 备注 |
| 1 | | | | | | | | |
| 2 | | | | | | | | |
| 3 | | | | | | | | |
| 4 | | | | | | | | |
| 5 | | | | | | | | |
| 6 | | | | | | | | |
| …… | | | | | | | | |

# 六、全新审计项目的正确实施方式

## 1. 切忌草率开始工作

在审计项目立项后，审计机构负责人应评估审计团队能否胜任相关工作，切忌草率开始工作。

2. 注重审前培训、学习

（1）到图书馆学习。

在面对一个全新的审计项目时，审计组组长可带领审计组到图书馆系统地学习相关领域的理论基础知识。比如针对营销专项审计，学习营销学相关知识；针对预算管理审计，学习预算管理相关知识。

（2）到标杆单位学习，树立审计标准。

审计组应到相关行业、领域的标杆单位学习。注意，这里不仅仅是向标杆单位的审计人员学习，重点是向标杆单位相关业务专家请教。比如在信息化审计准备阶段，我带领审计组到世界 500 强企业向信息专家请教，专家两个小时的讲解、演示，使我们初步将从书本里学到的理论与实际联系起来，进一步巩固了该领域的理论知识。

（3）请专家支持。

随着技术的迅速更新，内部审计人员的局限性日益凸显，对于某些业务领域，内部审计人员可能无法做出可靠的评价，这时就应该请专家加入审计组。比如我在对某公司开展信息化审计时，邀请了该公司的两位工作人员加入审计组。或许你会问，这样是否会影响内部审计的独立性？我的回答是否定的。在审计过程中，专家只提供专业领域的指导，评价及最终的审计结果均由内部审计人员做出。专家的加入提升了审计结论的可靠性。

（4）审计实施方案与时俱进。

面对全新的审计项目，审计组应边摸索边实施。每天召开审计碰头会时，审计组应将被审计单位情况和事先编制的审计实施方案比对，如被审计单位情况与方案有偏差，就要及时调整方案，必要时可重新编制方案。

首先，审计实施方案经审定后，在审计实施过程中，审计组应定期召开审计碰头会，以及时发现问题并纠偏；其次，环境的多样性和复杂性，决定了审计工作具有很大的不确定性，内部审计人员要随时根据现场审计的实际情况不断调整工作思路和工作重点，及时调整审计实施方案并将调整内容告知审计组所有成员；最后，将审计实施方案作为标准，在现场审计实施阶段结束前，对照其检查审计实施成果，确保不存在未实施或需要进一步实施的审计程序。

（5）复盘审计实施方案。

在审计报告发出后，审计组应对审计实施方案进行复盘，审计组所有成员都要对比审计实施方案与实际执行情况和最终成果，总结所得与所失。

# 七、审计通知书模板

一般情况下，审计通知书由主审拟定，经审计机构负责人、集团管理团队审批，提前3个工作日下发至被审计单位。同审计通知书一起下发的包括但不限于：被审计单位基本情况表、审计资料清单、被审计单位承诺书等。在审计实务中，可将经营管理审计、财务收支审计、专项审计、经济责任审计等的审计通知书模板化。

审计通知书模板如下。

（1）关于对××公司进行经营管理审计的通知。

××公司：

根据集团年度内部审计计划，审计法务部决定派出审计组，自20××年××月××日起，对贵公司20××年××月××日至20××年××月××日的经营管理情况进行就地/送达审计，必要时将追溯以往年度，延伸相关单位。届时，请贵公司相关部门积极配合，做好自查工作，提供审计所需资料（含电子资料）和必要的办公条件，对所提供审计资料（含电子资料）的真实性和完整性做出承诺，并对我审计组遵守审计纪律的情况予以监督。

需提供的审计资料见附件一。

组长：　　　　　　主审：　　　　　　组员：

经办人：　　　　　审核人：　　　　　核准人：

审计组：

我单位已于_____年_____月_____日收到审计通知书。

我单位将按审计通知书要求积极配合，做好自查工作，并对所提供审计资料（含电子资料）的真实性和完整性做出承诺（见附件二）。

××公司负责人（签章）：

（2）关于对××公司进行财务收支审计的通知。

××公司：

　　根据集团年度审计工作计划，审计法务部决定派出审计组，自20××年××月××日起，对贵公司20××年××月××日至20××年××月××日的财务收支情况进行就地/送达审计，必要时将追溯以往年度，延伸相关单位。届时，请贵公司相关部门积极配合，做好自查工作；提供审计所需资料（含电子资料）和必要的办公条件，对所提供审计资料（含电子资料）的真实性和完整性做出承诺，并对我审计组遵守审计纪律的情况予以监督。

　　需提供的审计资料见附件　。

　　组长：　　　　　　　主审：　　　　　　　组员：

　　经办人：　　　　　　审核人：　　　　　　核准人：

　　审计组：

　　我单位已于_____年_____月_____日收到审计通知书。

　　我单位将按审计通知书要求积极配合，做好自查工作，并对所提供审计资料（含电子资料）的真实性和完整性做出承诺（见附件二）。

　　××公司负责人（签章）：

（3）关于对××公司进行专项审计的通知。

××公司：

　　按集团总裁临时工作部署，审计法务部决定派出审计组，自20××年××月××日起，对贵公司20××年××月××日至20××年××月××日的××情况进行就地/送达审计，必要时将追溯以往年度，延伸相关单位。届时，请贵公司相关部门积极配合，做好自查工作；提供审计所需资料（含电子资料）和必要的办公条件，对所提供审计资料（含电子资料）的真实性和完整性做出承诺，并对我审计组遵守审计纪律的情况予以监督。

　　需提供的审计资料见附件一。

组长：                 主审：                 组员：

经办人：               审核人：               核准人：

审计组：

我单位已于＿＿＿＿年＿＿＿＿月＿＿＿日收到审计通知书。

我单位将按审计通知书要求积极配合，做好自查工作，并对所提供审计资料（含电子资料）的真实性和完整性做出承诺（见附件二）。

　　　　××公司负责人（签章）：

（4）关于对××公司总经理××先生/女士进行经济责任审计的通知。

　　××公司：

　　受集团人事部门委托，经总裁批准，审计法务部决定派出审计组，自20××年××月××日起，对贵公司××先生/女士任职期间（20××年××月××日至20××年××月××日）的经济责任履行情况进行就地/送达审计，必要时将追溯以往年度，延伸相关单位。届时，请贵公司相关部门积极配合，做好自查工作；提供审计所需资料（含电子资料）和必要的办公条件，对所提供审计资料（含电子资料）的真实性和完整性做出承诺，并对我审计组遵守审计纪律的情况予以监督。

　　需提供的审计资料见附件一。

组长：                 主审：                 组员：

经办人：               审核人：               核准人：

审计组：

我单位已于＿＿＿＿年＿＿＿＿＿月＿＿＿＿日收到审计通知书。

我单位将按审计通知书要求积极配合，做好自查工作，并对所提供审计资料（含电子资料）的真实性和完整性做出承诺（见附件二）。

　　　　××公司负责人（签章）：

　　抄送：××、××、××

（5）审计通知书附件示例。

①附件一：审计资料清单。

- 企业内部的财务规章制度和内部控制制度。
- 任期内审计单位在银行和非银行机构设立的全部账户的情况，包括已注销的账户。
- 企业章程、有关内部机构设置、职责分工情况。
- 任期内历年资产经营计划和经济指标完成情况。
- 任期内历年财务报表、账簿、凭证等会计资料。
- 任期内重大投资项目及实施结果，对外投资项目明细表。
- 任期内全部协议书及经济合同。
- 任期末各种财产物资盘点表、债权债务清理明细表。
- 任期内重大经济事项的决策材料及相关会议记录。
- 任职前后有关经济遗留问题的专门材料。
- 审计对象任期内有关经济监督部门及检查机构做出的重大事项检查结果、处理意见及纠正情况资料。
- 审计对象任期内上级审计机构或社会审计机构出具的审计报告、验资报告、资产评估报告及在办理企业合并、分立等事项时出具的有关报告等。
- 其他资料。

②附件二：审计承诺书。

××内部审计机构：

我们对所提供的财务会计资料负责，并做出如下承诺。

我们提供的会计报表是遵循《××××会计准则》和《××××会计制度》及国家其他有关财务会计法规的规定，由本单位负责编制的。我们保证所提供的会计报表真实准确地反映了本单位报告期末的财务状况及本年度的经营成果和资金变动情况，并对其合法性负责。

本单位业已提供全部财务、会计记录和有关资料，保证无遗漏，并对其真实性、完整性、合法性负责。

本单位保证所有财务收支及资产、负债、损益均已全部纳入本单位账户核算。

> 本单位业已提供全部关联单位名单及合同、协议等资料，关联单位的重大交易事项均已提示，保证无遗漏。
>
> 对审计组在审计过程中要求提供的有关调查、核实材料，本单位将按规定时间签署完毕，送交审计组。
>
> 被审计单位（盖章）：
>
> 被审计单位负责人（签章）：＿＿＿年＿＿＿月＿＿＿日
>
> 财务负责人（签章）：＿＿＿年＿＿＿月＿＿＿日

③ 附件三：××同志述职报告内容的基本要求。

- 任职情况（包括在何单位、任何职及任职起止时间）。
- 单位基本情况。
- 任期内的经济责任目标及其完成情况。
- 任期内的主要经营决策及其实施效果。
- 任期内资金运用情况（包括资金来源与运用的明细及说明）。
- 财产物资的安全完整、保值增值情况（包括清查明细及说明）。
- 任期内债权债务情况（包括清查明细及说明）。
- 个人廉洁自律情况。
- 任职期间的工作体会及目前存在的主要问题。

## 八、获取审计资料的技巧

"巧妇难为无米之炊"，获取所需审计资料是内部审计人员顺利开展审计的前提。获取审计资料的技巧如下。

（1）借好势。借助管理团队、各职能部门的力量。首先，请主管内审工作的单位领导与被审计单位负责人协调沟通。其次，审计组要分析、梳理审计资料涉及哪些部门，如人力资源部、财务部、投资部等，然后与相关部门协调获取被审计单位相关资料。

（2）开好会。开好审计进场会，进场会上审计主管领导要向被审计单位负责人表态，以获得被审计单位的积极配合。

（3）走访摸底，初探被审计单位实况。这样可以为确定审计重点、索取资料的目标与格式等提供有效的帮助。审计组应合理规划并确定需要向什么部门索取哪些资料，要求被审计单位提供对接人名单，采取人员分工、专人对接、限时索取等措施。这在提升资料获取时效性的同时，也可防止资料因被人工处理而失真。

（4）借助工具。借助信息系统等工具获取审计资料。

## 九、小测试

风险大小的决定因素是？（多选）

A．不确定性　　　　B．影响

C．可能性　　　　　D．概率

答案：B、C。

第四章

# 内部审计实施阶段实务指南

## 问题提出

1. 内部审计实施阶段的关键环节有哪些？
2. 审计进场会怎么开？
3. 审计发现的五个要素有哪些？
4. 审计取证方式有哪些？
5. 如何编制审计工作底稿？
6. 如何召开审计碰头会？
7. 审计工作底稿需被审计单位签字吗？
8. 审计离场会怎么开？

## 一、内部审计实施阶段关键环节及其具体事项

在审计实施阶段，内部审计人员大部分时间处在业务最前端。在与被审计单位人员接触的过程中，内部审计人员的一言一行都会影响审计项目的成败，甚至会影响审计机构在组织中的影响力。

审计实施阶段关键环节及其具体事项如表 4-1 所示。

表 4-1　审计实施阶段关键环节及其具体事项

| | |
|---|---|
| 召开审计进场会 | 一、时间<br>审计组进驻被审计单位，主审向综管部负责人提出开会时间<br>二、人员<br>参会人员一般是被审计单位部门主管及以上级别的管理人员<br>三、内容<br>（一）为什么要开展这次审计<br>1. 开展常规审计（澄清三个事实）<br>2. 助力企业健康、持续发展<br>3. 保护每一位员工<br>（二）如何开展这次审计<br>1. 说明审计范围<br>2. 说明审计的流程<br>3. 说明审计的方式<br>4. 说明审计工作纪律<br>（三）被审计单位如何配合审计<br>1. 落实与审计组对接的责任人<br>2. 客观、公正地提供资料<br>3. 按照交接清单提供资料<br>4. 不影响正常工作 |
| 内部控制缺陷认定 | 1. 了解被审计单位内部控制情况<br>2. 对内部控制实施控制测试，测试内部控制是否有效。若内部控制有效，可相应减少实质性程序；若无效，则直接实施实质性程序<br>3. 审计组应当根据获取的证据，对内部控制的设计缺陷与运行缺陷进行初步认定，并按照性质和影响程度将其分为重大缺陷、重要缺陷和一般缺陷 |
| 审计取证 | 1. 审计组按照设计好的审计步骤及审计程序，根据方案内容对接相关的部门及人员，采用审核、观察、监盘、询问、函证、计算和分析性复核等方法，收集相应的资料<br>2. 对作为证据的原始资料（文件、实物等），可采用复印、拍照、录音等合法方式取得，在取证中应求实、细致、公正，收集的审计证据应具备相关性、充分性、可靠性<br>3. 现金盘点、银行存款审计等具体业务举例见附件① |
| 召开审计碰头会 | 1. 在审计过程中，主审每天组织召开一次审计碰头会，要求每位审计人员简单阐述自己当日或前一日的审计发现、遇到的审计难点和下一步的工作安排<br>2. 审计组对审计中发现的重点和难点问题进行讨论，重大问题要及时向审计总监汇报<br>3. 主审需及时掌握审计组的工作进度，并且做到统筹兼顾，整合审计资源，实现信息共享，避免重复工作，以加速审计进程；主审需根据现场实际情况及时完善和调整审计实施方案 |

---

① 指实务工作中的配套资料，本书未列举。

（续表）

| | |
|---|---|
| 编制审计工作底稿 | 1. 审计人员在抽查审计资料过程中，发现有与国家法规或公司规章制度、流程不符，即事实与标准不一致、存在风险和违反操作流程的现象时，应该进行标示，调查取证，确认事实，复印有关资料，注明来源，并说明存在的或待核实的问题<br>2. 对与形成审计结论和建议有关的所有重要事项均应编制审计工作底稿；在编制审计工作底稿时，要求做到重要事项优先，一事一稿<br>3. 审计工作底稿中的审计发现是审计人员在对被审计单位的经营活动与内部控制的检查和测试过程中，所得到的积极或消极的事实，一般应包括以下内容。<br>（1）现状。所发现事实的现状，即审计发现的具体情况。<br>（2）审计标准。所发现事实应遵照的标准，如政策、程序和相关法律法规等。<br>（3）差异。所发现事实与预定标准的差异。<br>（4）影响。所发现事实已经或可能造成的影响。<br>（5）原因。所发现事实产生的原因（包括内在原因与环境原因） |
| 复核审计工作底稿 | 1. 在审计实施阶段即将结束前，审计组应对照审计实施方案检查审计目的是否达到，审计内容是否都已审查，审计证据是否齐全、合法、有效等。如未达到规定要求或取证不全的，应继续补充完善<br>2. 审计工作底稿的附件要求有来源、制表人、日期，资料应便于查阅、顺序统一<br>3. 每一份审计工作底稿记载的事项要求被审计单位经办人签字确认<br>4. 审计工作底稿采用三级复核制，即审计组成员相互复核并签字确认后，再由主审复核并签字确认，最后由审计总监复核并签字确认 |
| 召开审计离场会 | 一、时间<br>审计工作底稿全部完成后由主审向综管部负责人提出开会时间<br>二、人员<br>参会人员一般是被审计单位部门主管及以上级别的管理人员<br>三、内容<br>1. 感谢被审计单位的支持和配合，对做得好的工作要给予肯定和表扬<br>2. 对发现的审计问题进行商讨，与被审计单位达成共识，确认审计发现，分析其为组织运营带来的风险及可能产生的损失和后果，并鼓励被审计单位进一步改进<br>3. 被审计单位有质疑的地方，内部审计机构需要进一步确认。对于错误的情况，要进行删除和调整<br>四、注意事项<br>1. 不能与被审计单位发生争执<br>2. 要征求被审计单位的意见 |

# 二、内部审计实施阶段相关重要会议

1. 审计进场会

审计组进驻被审计单位时，应当组织被审计单位相关人员召开审计进场会，在会上宣读审计通知书，告知被审计单位审计工作纪律相关规定，要求被审计单位配合审计工作等。审计进场会是审计组在开始现场工作前，与被审计单位相关人员的初次正式沟通。

（1）参加审计进场会的人选。

一般情况下，审计组应全员参加；对于被审计单位，不同类型的审计参加的人员不同。如是离任审计，被审计责任人必须参加，接任者必须参加，被审计单位其他中高级管理人员全部参加，最好被审计单位第一负责人也参加会议并讲话。

（2）审计进场会相关实践经验。

① 营造轻松融洽的气氛。在审计进场会上，审计人员应营造轻松融洽的气氛。审计人员在进场会上应做到有理有节。在大多数情况下，在轻松融洽的气氛中，被审计单位的人员更愿意配合审计人员的工作，也更愿意倾听审计人员的发言，放下戒备。审计人员切忌傲慢无礼。

② 在审计进场会上，审计组要说明的事项如下。

- 本次审计的目的。通常审计组应澄清以下三个事实，消除被审计单位的顾虑。第一，说明不是因为接到了举报或组织对被审计单位不放心才来审计的。审计组应将此行的来意告知被审计单位，顺势宣贯相关审计制度、审计在组织发展中的职能作用等。第二，说明本次审计不是只查问题，被审计单位卓越的业绩也会写在报告里。第三，说明本次审计不是只查财务问题，也要查管理问题。

- 介绍审计流程，让被审计单位对此有预期。审计组应对审计流程图、审计过程的主要节点、需要对方配合的事项和要求一一进行介绍，如审计工作底稿需被审计单位签字、审计离场会会通报审计结果、会就审计报告征求意见等。

- 宣贯审计组工作纪律，树立审计组形象。

- 明确告知被审计单位如何配合审计工作：落实与审计组对接的责任人；客观、公正地提供资料；按照交接清单提供资料；在不影响正常业务开展的情况下积极配合审计工作，审计期间财务等重要岗位的人员如有事需请假，须提前告知审计组。

③ "良言一句三冬暖，恶语伤人六月寒"，审计人员在进场会中不该说的话如下。

- 我们是来帮助你们的。

- 我们来审计是因为你负责的领域在风险评估中被标记为"高风险"。

- 我们的目标是评估你负责的领域的整体有效性。

- 我们会在结束的时候向你通报所有审计结果。

- 我们今天没有什么可告诉你的，我们只是想知道你会提出什么问题。

④请被审计单位介绍经营情况。

审计进场会上要让被审计单位有话可讲。被审计单位可以按照审计组给出的提纲，介绍本单位的经营情况。由被审计单位介绍其在审计期间的经营情况，这样做获取的信息比审计人员自己阅读被审计单位提供的经营情况总结材料所获取的信息更多。审计人员应请被审计单位负责人讲话，被审计单位负责人在审计进场会最后可以做总结性发言。被审计单位负责人的态度对审计项目的开展会产生较大的影响。审计项目负责人在召开审计进场会前，可以事先与被审计单位负责人进行沟通，了解其对审计工作的态度和认识，并根据实际情况进行适当引导，以确保审计进场会上被审计单位负责人发言的基调符合审计工作的要求。

⑤审计进场会的时间应该控制在一个小时至一个半小时。

2.审计问题研究会

审计组应当适时召开会议，研究审计实施过程中遇到的情况和问题，以及廉政、保密等事项。会议召开形式和参加人员由审计组组长视具体情况确定。

对于以下事项，审计组应当及时召开审计问题研究会。

（1）编制和调整审计实施方案。

（2）研究审计中发现的重大违法违纪问题线索。

（3）讨论审计工作底稿及证据材料，起草审计报告。

（4）研究被审计单位或被审计人员的反馈意见。

（5）研究信访举报材料。

（6）审计组组长认为需要召开会议研究的其他事项。

审计组应当指定专人做好会议记录，并经会议主持人签字确认。审计组对重大事项存在分歧的，其讨论过程和结果必须在记录中如实反映，并由参会人员签字确认。

审计发现的问题经审计组会议研究后决定不在审计报告中反映的，审计组应当编制未在审计报告中反映的问题清单，与相关审计工作底稿、证据材料一并提交审计机关业务部门复核、审理机构审理。

3.信访举报研究会

审计组应当对审计现场各类信访举报反映的问题、提供的线索及核查结果设立台账，指定专人进行登记和管理。审计组收到信访举报后，应当及时向审计组组长报告，由审计组组长召开会议研究是否核查，若不予核查，则应说明不予核查的原因；若予以核查，则应及时组织人员调查核实并上报核查结果。台账资料、会议记录、相关说明等资料归入审计档案备查。

4.审计离场会（审计沟通会）

在审计现场工作结束前，审计组一般应当召开会议，就审计发现的主要问题与被审计单位交换意见。审计组可请被审计单位确定其参加人员，必要时可提请审计机关审理机构等派人参加会议。对存在分歧的事项，审计组应当进一步研究核实有关情况。

（1）审计组召开审计离场会的目的。

①就审计发现的亮点、问题点再次确认，与被审计单位达成共识。

②就对存在的问题将采取的改善措施得到被审计单位的口头承诺。

③请被审计单位对审计工作提出改进意见或建议。

（2）审计离场会中的沟通技巧。

①说明亮点。由审计组组长或主审先总结被审计单位做得较好的一面，便于被审计单位接受审计中发现的问题。

②说明问题点。由审计组成员分别讲述审计中发现的问题（谁发现的问题谁讲述），目的是：增强内部审计人员的成就感；督促内部审计人员在工作中更加认真仔细；提升内部审计人员的演讲能力。

（3）审计离场会参会人员。

审计组全体人员、被审计单位中层以上管理人员。

## 三、审计实施阶段重要的审计表单

张庆龙教授在某次讲座中提到，内部控制应做到管理制度化、制度流程化、流程岗位化、岗位表单化、表单信息化。其中，表单信息化是内部控制的具体表现形式之一。内部审计工作也是如此。因此，内部审计机构一定要重视各种审计表单的完整和规范化管理。审计实施阶段重要表单及其作用或依据如表4-2所示。

表4-2　审计实施阶段重要表单及其作用或依据

| 审计实施阶段重要表单 | 作用或依据 |
| --- | --- |
| 审计资料需求清单 | 以免被审计单位漏报或不及时提供资料 |
| 被审计单位承诺书 | 为信息真实性核查、问责被审计单位提供依据 |

（续表）

| 审计实施阶段重要表单 | 作用或依据 |
| --- | --- |
| 资料交接、归还清单 | 以免审计组因资料丢失而被问责 |
| 被审计单位未提供资料清单（或记录） | 说明被审计单位不提供资料的原因，防范审计风险 |
| 审计任务清单 | 审计组成员责任到人，便于落实审计实施方案 |
| 审计取证单（参考格式） | 审计工作底稿的载体 |
| 审计组成员廉政、保密等承诺书 | 团队管理所需，有助于审计组成员树立廉洁、保密意识 |
| 审计实施方案及调整方案 | 审计"作战地图" |
| 审计资料销毁清单 | 以免错误销毁资料或资料被不当利用 |
| 审计组会议记录 | 记录审计项目中重要工作或过程 |
| 未在审计报告中反映的问题清单 | 为审计组复盘审计事项的完整性和重要性提供依据 |
| 审计工作底稿 | 审计问题（发现）的载体，非常重要 |
| 信访举报材料及台账 | 整合信息便于管理举报内容，以免漏查 |
| 外部调查台账 | 审计组成员考勤、差旅费管理 |
| 其他重要管理事项记录 | 规范管理 |

## 四、审计证据及取证注意事项

审计证据是审计实施过程中所获取的用以证实审计发现，支持审计结论、意见和建议的各种事实依据。

1.审计证据的类型

内部审计人员应当依据不同的审计事项及审计目标，获取书面证据、实物证据、电子证据、视听证据、口头证据、环境证据等。

2.审计证据的特性

审计证据应当具备相关性、可靠性和充分性，内部审计人员应根据审计实施方案和实质性审计程序及具体情况，把握审计深度，适时调整完善审计重点和获取审计证据的方法。

（1）相关性，即审计证据与审计事项及具体审计目标之间具有实质性联系。例如，《党政主要领导干部和国有企事业单位主要领导人员经济责任审计规定》第三十八条规定："审计评价应当有充分的审计证据支持，对审计中未涉及的事项不作评价。"在现实中，对于不属于审计对象任职期间的问题也不在主报告中反映。

（2）可靠性，即审计证据真实、可信。审计证据应是客观存在的，并且能够通过必要的审计程序获取，不能是道听途说或主观推断的。

（3）充分性，即审计证据在数量上足以支持审计结论、意见和建议。比如做采购的比价审计，不能仅将某一批次、某一时段、某一区域的价格作为判断价格不合理的标准。

3. 获取审计证据要考虑的因素

（1）具体审计事项的重要性。内部审计人员多出自财务部，对数量和金额往往比较敏感，更多会考虑数量的重要性，往往会造成遗漏。内部审计人员应当从数量和性质两个方面判断审计事项的重要性，以正确做出获取审计证据的决策。

（2）可接受的审计风险水平。审计证据的充分性与审计风险水平密切相关。可接受的审计风险水平越低，所需审计证据的数量越多。所以，尚不具备全样本大数据审计条件的单位，一定要科学运用抽样方法。

（3）成本与效益的匹配程度。内部审计人员获取审计证据时应当遵循成本与效益相匹配的原则。一个审计项目投入的人力和时间往往是有限的，所以在审前准备阶段，必须根据调查的情况，合理分配审计资源。但对于重要审计事项，不应当将审计成本高作为减少必要审计程序的理由。

4. 审计证据获取过程中存在的主要问题

（1）内部审计人员不严格按照审计实施方案确定重点内容、实施审计。

（2）对审计实施方案中要求检查的重点，内部审计人员实施了必要的审计程序，但由于没有查到问题，未留下检查痕迹。

（3）部分审计项目没有围绕被审计单位的功能定位、主体业务和关键绩效指标完成情况进行审计，也没有聚焦主要矛盾，揭示不了风险，发现不了问题，难以取得充分的证据。

（4）内部审计人员对于被审计单位的解释说明不加查证和分析，造成问题叙述不清、定性不准。针对一部分问题，内部审计人员在听过被审计单位的解释后将其内部消化了，未予以反映。

（5）内部审计人员现场审计思路窄，取证不完整、不充分，审计证据不足以支持审计结论。比如内部审计人员查到某年的事不能上溯下延；查到某个局部的事，不从整体层面考虑问题，不能够举一反三，以点带面，对重大问题和风险视而不见。

（6）内部审计人员对发现的问题不能深挖细究，缺乏打破砂锅问到底的精神，只看到表面现象而看不到本质问题，也不能深入剖析问题产生的原因。

（7）对部分问题，内部审计人员在现场未与被审计单位或被审计个人充分交换意见，缺少说服被审计单位或被审计个人的充分证据，未能与对方达成一致意见，事后再与被审计单位或被审计个人交换意见，影响效率和效果。

（8）审计证据的相关性不够，与查证对象和具体事项缺乏联系，与主要问题关系不大。有的证据甚至互相矛盾，无形中浪费了审计成本。

（9）内部审计人员对分析性复核取得的证据不够重视，由于分析性复核还没有形成相对科学的标准和流程，因此所取得的证据往往对被审计单位缺乏说服力。

5. 审计取证单

审计取证单是审计工作底稿的载体，也是审计发现的第一手信息或工作备忘录。内部审计机构负责人要重视审计取证单，不仅要及时填写还要认真记录。被审计单位相关负责人（当事人）要在审计取证单上签字确认（如存货、固定资产、货币资金监盘后，以审计取证单的形式记录相关信息，应及时让参与盘点的当事人签字），以免出现被审计单位不愿在正式的审计工作底稿上签字，审计组处于被动的局面。审计取证单如表 4-3 所示。

表 4-3 审计取证单

| 审计项目名称 | | | |
| --- | --- | --- | --- |
| 被审计（调查）单位或个人 | | | |
| 审计（调查）事项 | | | |
| 审计（调查）事项摘要 | （对已明确定性的问题，除涉及重大违法违纪问题等特殊事项外，应当在审计取证单上写明事实、定性和法律法规依据） | | |
| | 审计人员 | 编制日期 | |
| 证据提供单位或个人意见 | 证据提供单位盖章、负责人或其确定的人员签字 | 日期 | |

说明：（1）请你单位在____年____月____日前反馈意见，逾期未反馈的视为无异议；
　　　　（2）证据提供单位或个人意见栏填写不下的，可另附说明。

## 五、内部审计实施阶段应注意的事项

（1）聚焦主要矛盾，紧盯重要问题和重大风险。审计组应不定期召开碰头会，统筹审计进度，对审计发现的问题进行讨论和取舍，集中力量研究如何获取有力的审计证据，严格控制审计质量。

（2）及时汇报和报告。审计组应及时向审计组派出机构报告审计项目进展情况、发现或核实的重要问题线索等，重大的问题或风险事件应立即报告。

（3）做到深挖细究、刨根问底。对于重要问题，审计组应查清问题事实和决策过程，深入剖析问题产生的原因和造成的损失或风险，分清问题责任，做到见人、见事、见细节、见原因、见痕迹、见结论，还应向前追溯或向后延伸检查，直至查清查实，以保障审计证据的充分和有力。

（4）充分沟通和及时咨询。与被审计单位领导班子成员和计划、财务、人力、企管、法律等相关部门负责人及业务经办人充分沟通，了解问题产生的背景、原因和决策过程等。

与被审计个人充分沟通，了解相关审计事项的决策过程和原因。涉及被审计单位和被审计个人的重要和重大问题线索可不沟通。

及时向被审计单位上级主管部门和专业机构咨询专业性或政策敏感性较强的问题。

（5）保证审计证据的法律效力，具体体现在以下几个方面。

① 对支持审计结论的证据应以复印、拍照、截图等方式留存，重要证据由提供者签字或盖章，包括电子签名和电子盖章。

② 被审计单位无法及时提供相关资料或证据的，需出具经盖章的书面说明，写明相关情况和原因。

③ 审计对象拒不签字的，可由两名以上内部审计人员签字并配相关资料作为证明。

④ 电子资料必须有相应的系统日志、数字签名、数字标识作为佐证。

## 六、获取审计证据的主要方法

获取审计证据的主要方法有访谈、分析性复核、大数据审计等。内部审计人员应对审计重点内容和问题线索逐一检查核实，以获取相关、可靠、充分的审计证据。

1. 访谈

（1）拟定访谈提纲是关键。

在拟定访谈提纲前，内部审计人员应充分了解被审计单位的情况。

（2）案例：经济责任审计访谈方案。

① 与审计对象访谈的内容。

- 绩效指标及其完成情况。
- 主要工作思路、采取的重要举措。
- 是否有重大经济决策；决策过程中是否有特殊情况；决策过程及执行情况；重大政策落实情况。
- 任期内最能代表或体现本人工作业绩的三件事。
- 在防范组织风险、实现战略目标的过程中有哪些内控措施，执行情况如何。
- 未了事项。任期内是否有想做好但没有做好的事，或者想做没做的事，原因是什么。
- 需要审计组提供帮助的事项。

② 与其他领导班子成员访谈的内容。

- 审计对象到任后确立的工作思路是什么，举措是什么，实施是否顺利。最能反映审计对象工作业绩的大事是什么。
- 审计对象决策科学、合规等方面的情况，政策执行情况。
- 审计对象廉洁自律情况。
- 审计对象有哪些不足或需要改善的方面。

③ 与接任者访谈的主要内容。

- 对前任的总体评价。
- 上任后面临的主要挑战。
- 对新岗位有哪些期待。
- 审计组能提供什么帮助。
- 未了事项。前任有哪些遗留问题，对此有哪些看法或担心。

2. 分析性复核（以财务收支审计为例）

（1）运用分析性复核的时点。

- 计划阶段：帮助内部审计人员确定审计程序的性质、实施时间及范围。

- 实施阶段：作为实质性测试程序，以收集与账户余额和各类交易相关的特殊认定的证据。

- 报告阶段：用于对被审会计报表的整体合理性做最后的复核。

（2）慎用分析性复核的情况。

- 难以设计有效分析性复核程序的情况。现金余额就是一个很好的例子，因为现金余额每天都会大幅波动。

- 内部审计人员执行了有效的分析性复核程序，但基于对重要性和风险的考虑，仍然感到需要更多的证据时，细节测试可以对分析性复核程序提供补充。

- 发生完全无意识错误时。在不存在财务欺诈的情况下，即发生诚实性错误时，采用细节测试更有利于发现错误陈述。

- 内部审计人员注意到伪造文件的不一致或问题而发现审计对象存在欺诈行为的情况。

（3）分析性复核中常见的陷阱。

- 发现异常后，过于相信被审计单位的解释。例如，发现某个时段销售额偏高，被审计单位解释这是由于新产品被投放到市场，内部审计人员不加以证实就信以为真。

- 只重视会计部门。为了更好地执行分析性复核，内部审计人员应当确定最佳访谈对象，在很多情况下这个人并不在会计部门。假设内部审计人员有一个关于销售量或利润的疑问，则应该直接向车间经理或会计部门之外的员工提出这个问题，因为这些人很可能对这个问题非常了解。非会计人员是更好的信息提供者，因为他们没有直接参与财务报表的编报工作。

3. 大数据审计

（1）大数据审计是大势所趋。

数字化时代，"大智移云物区"技术在各行各业的应用发展迅速，各单位的运行越来越依赖于信息化环境。在经济活动中，大数据技术被广泛运用，大数据分析技能已经成为数字化时代内部审计人员必须掌握的技能。

（2）大数据审计能提高审计效率，降低审计风险。

大数据审计的审计质量及效率相较于传统审计有所提高。大数据环境下审计质量的提高，主要体现在大数据审计实现全方位管理、全要素管理和全过程管理等方面。抽样审计中有两种风险，即误拒风险和误受风险，而大数据审计使全样本审计成为可能，使可获得数据的广度和深度都有所增加。内部审计人员因此能够收集到更为广泛的审计证据，减少信息不对称造成的不利影响。内部审计人员了解的内容越多，被审计单位舞弊的空间就越小，审计风险越低，审计质量越高。

（3）大数据技术给内部审计带来了机遇和挑战。

机遇主要表现为大数据技术提高了审计效率和质量，使得持续审计成为可能。挑战主要表现为，这一技术对内部审计人员的胜任能力提出了更高的要求。内部审计人员要谨防大数据审计风险。

## 七、审计发现的五要素

审计发现的五要素包括审计标准、现状、原因、影响、建议。本节主要介绍审计标准的相关内容，其他要素在审计工作底稿部分中进行介绍。

1.审计标准

（1）审计标准的概念。

审计标准是内部审计人员在审计过程中用来判断和评价被审计事项、做出审计结论、提出审计意见和建议的依据。例如，判断被审计单位对某一经济业务的会计处理是否正确、合规，就要依据会计准则和会计制度；判断被审计单位某一经济业务的合法性，就要依据有关法规。

（2）审计标准的分类。

审计标准按来源不同，分为外部制定的审计标准和被审计单位内部制定的审计标准。

审计标准按性质、内容不同，分为法律法规，企业规章制度，预算、计划、合同，业务规范和技术经济标准等。

（3）审计标准的特性。

- 层次性，指审计依据因管辖范围和权威性大小不同而有不同的层次。比如审计标准分为国家法律，国务院颁布的行政法规，地方性法规，主管部门制定的规章制度，被审计单位制定的规章制度。

- 时效性，指审计依据不是永远有效的，它的效力受时间限制。
- 地域性，指有的审计依据受地域限制，只在一定地区内发挥效用。

（4）审计标准不统一的处理方法。

- 如果组织制定的标准适用，应采用。
- 如果组织没有制定标准或标准不适用，应向管理层报告，建议采用行业标准、专业组织标准、协会标准、法律和政府标准，或者寻求权威性支持。

（5）经营管理审计的审计标准获取策略。

实践证明，找标杆是经营管理审计十分重要的建立标准的方法。

审计发现的五要素是内部审计人员基本的思维模式，但往往被很多内部审计人员忽视。审计发现的五要素及举例见表4-4。

表4-4  审计发现的五要素及举例

| 五要素 | 定义 | 需关注的事项 | 注意事项 | 举例 |
|---|---|---|---|---|
| 审计标准 | 审计标准是内部审计人员在审计过程中用来判断和评价被审计事项、做出审计结论、提出审计意见和建议的依据，包括国家、地方、所在公司的规章制度等 | 层次性、时效性、地域性 | 1.内部审计人员应认真把握审计标准的层次性、时效性和地域性<br>2.企业无相关制度时，应采用行业标准、协会标准、法律法规等 | 1.问题：某企业未根据合同流程修改意见修改合同即用印。审计标准为OA审批管理制度<br>2.问题：某企业员工健康证过期。审计标准为《中华人民共和国食品安全法》 |
| 现状 | 现状是内部审计人员在审计过程中发现的审计问题在当下存在的状态与表现 | 审计证据：具有相关性、可靠性、充分性；有书面证据、实物证据、视听证据、电子证据、口头证据、环境证据<br>可以采用（但不限于）下列方法：1.审核；2.观察；3.监盘；4.访谈；5.调查；6.函证；7.计算；8.分析程序 | 一般情况下，被审计单位反映的情况、现状等，内部审计人员需加以验证后才能确认是否为审计发现 | 1.通过调查发现某企业存在采购合同要素不完整，合同台账及档案资料有缺失等问题<br>2.通过分析程序发现某企业长期未更换食材比价供应商，比价程序流于形式 |

（续表）

| 五要素 | 定义 | 需关注的事项 | 注意事项 | 举例 |
|---|---|---|---|---|
| 原因 | 原因是内部审计人员在审计过程中以审计角度发现的现状产生的缘由 | 标准与现状之间形成差异的真实原因，要深挖再深挖 | 1. 部分内部审计人员易把被审计单位的解释当作原因；内部审计人员应从自身角度去寻找、求证问题的真实原因，被审计单位的解释不能当作原因<br>2. 对审计发现要追根究底<br>3. 在审计过程中，在寻找现状产生的原因时，要反复思考该问题的原因是否已经查到底 | 问题：某企业20××年部分物业费至审计日尚未交纳。被审计单位解释：业主常年不在家，无法交纳物业费。审计发现原因：企业对未交物业费的业主未开展法定催缴程序，也未对相关负责人制定收缴率考核指标 |
| 影响 | 影响是内部审计人员根据现状确定的事件对企业的影响及价值体现 | 内部审计人员应关注当下的影响，更应关注未来的影响 | 1. 内部审计人员在写审计发现影响时应注意避免泛泛而谈<br>2. 内部审计人员应深入求证审计发现对企业的影响 | 问题：某企业××业务未严格按合同履行，应收未收××元。影响：企业应收未收××元，影响企业资金流，按同期贷款利率计算利息为××元 |
| 建议 | 建议是内部审计人员针对审计发现的主要问题，提出的改善业务活动、内部控制和风险管理的建议 | 可落实、具有建设性 | 1. 内部审计人员忌泛泛而谈，提出假大空的建议<br>2. 内部审计人员应针对审计发现的问题提出切实的建议<br>3. 在提出建议时，内部审计人员应特别注意不能承担管理人员应该承担的责任<br>4. 内部审计人员的建议不是命令，所以内部审计人员不应该提出必须执行的建议<br>5. 在审计结束前，内部审计人员应与管理层共同探讨审计建议<br>6. 内部审计人员应与管理层共同探讨纠正措施并取得一致意见<br>7. 在审计报告中说明审计建议是在与管理层讨论后提出的 | 错误建议：<br>1. 建议被审计单位加强管理，避免出现类似问题<br>2. 建议被审计单位增强内部控制意识，加强内控管理<br>正确建议：<br>1. 建议财务人员认真学习集团合同管理制度，针对财务部未把控好第二道防线的情况，建议追究相关人员责任<br>2. 建议收回合同中应收未收物业费、水电费等<br>3. 建议组织员工学习集团相关制度、流程，增强规范意识 |

2. 用案例解释审计发现的五要素

（1）审计背景。

A 公司（国企）与 B 公司（民企）共同投资成立甲公司，股权比例分别为 51%、49%。

A 公司内部审计机构到子公司——甲公司审计时发现，甲公司一名叫张三的监事与甲公司签订了劳动合同，薪水丰厚且公司为其缴纳五险一金，张三同时兼任 B 公司副总经理。

（2）审计合理怀疑。

张三作为 B 公司副总经理，被外派至甲公司任监事，拿甲公司的工资为 B 公司做事？

（3）审计思路。

按审计发现的五个要素——审计标准、现状、影响、原因、建议一一展开。

- 找审计标准：关于张三的任职、兼职情况，国家或被审计单位（甲公司）有相关规定吗？

- 看现状：张三任职于甲公司的程序是否符合公司规定，签订合同及履职情况如何，薪酬待遇标准如何确定？张三在 B 公司任职副总经理的履职情况如何，薪酬待遇如何，签订合同了吗？

- 探影响：张三未尽职尽责对甲公司会造成哪些损失？张三挑战制度规定带来的负面影响是什么？

- 挖原因：这种情况为什么会发生？是因为公司贯彻国家制度不到位吗？

- 提建议：根据前述四个要素的分析，提出切实的审计建议。

审计发现的五要素及其审计通用套路如图 4-1 所示。

# 八、审计工作底稿及其编写指南

1. 审计工作底稿

《第 2104 号内部审计具体准则——审计工作底稿》第二条规定：本准则所称审计工作底稿，是指内部审计人员在审计过程中所形成的工作记录。

2. 审计工作底稿的作用

（1）为编制审计报告提供依据。

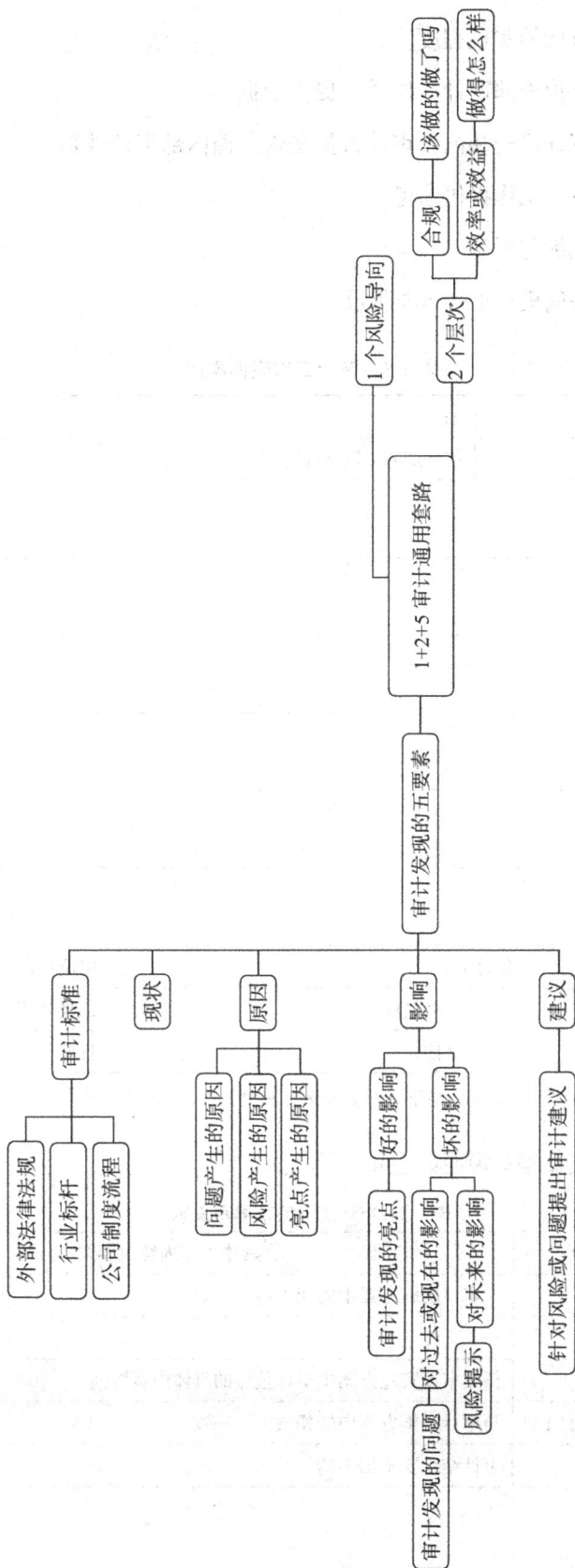

图 4-1 审计发现的五要素及其审计通用套路

**1+2+5 审计通用套路**

- 1 个风险导向
- 2 个层次
  - 合规
    - 该做的做了吗
  - 效率或效益
    - 做得怎么样

**审计发现的五要素**

- 审计标准
  - 外部法律法规
  - 行业标杆
  - 公司制度流程
- 现状
- 原因
  - 问题产生的原因
  - 风险产生的原因
  - 亮点产生的原因
- 影响
  - 好的影响
    - 审计发现的亮点
  - 坏的影响
    - 对过去或现在的影响
      - 审计发现的问题
      - 风险提示
    - 对未来的影响
- 建议
  - 针对风险或问题提出审计建议

（2）证明审计目标的实现程度。

（3）为检查和评价内部审计工作质量提供依据。

（4）证明内部审计机构和内部审计人员是否遵循内部审计准则。

（5）为以后的审计工作提供参考。

3. 审计工作底稿编写指南

（1）审计工作底稿模板如表 4-5 所示。

表 4-5　审计工作底稿模板

| 审计项目名称 | | 编号 | | |
|---|---|---|---|---|
| 审计事项 | | 审计期间 / 截止日期 | | |
| 审计结论 | | | | |
| 主要审计程序及信息来源 | | | | |
| 审计依据 | | | | |
| 主要事实、原因、影响 | | | | |
| 审计建议 | | | | |
| 被审计单位意见 | | | | |
| | 经办人或见证人： | | 单位负责人： | |
| 审计人员： | 一级复核人： | | 二级复核人： | |
| 日期： | 日期： | | 日期： | |

备注：具体填写可参照审计工作底稿填写指南和审计底稿范例；审计工作底稿由主审统一编号。

（2）审计工作底稿编写说明如表 4-6 所示。

表 4-6　审计工作底稿编写说明

| 序号 | 填写事项 | 具体填写内容或要求 |
|---|---|---|
| 1 | 审计项目名称 | 与审计实施方案中的相关内容一致 |
| 2 | 编号 | — |
| 3 | 审计事项 | 根据审计实施方案中审计重点的具体内容填列 |
| 4 | 审计期间 / 截止日期 | 与审计实施方案中的相关内容一致 |
| 5 | 审计结论 | 审计结论要不偏不倚 |

（续表）

| 序号 | 填写事项 | 具体填写内容或要求 |
|---|---|---|
| 6 | 主要审计程序及信息来源 | 1. 主要审计程序具体包含访谈、审核、观察、监盘、函证、计算和分析性复核等<br>2. 信息来源是指审计证据的来源 |
| 7 | 审计依据 | 应考虑审计依据的层次性、时效性、相关性、地域性，如有必要，可描述具体标准 |
| 8 | 主要事实、原因、影响 | 1. 主要事实是指内部审计人员在审计过程中发现的证据、现状及存在的事实<br>2. 分析原因，说明现状为何与标准存在偏差，为何不能达到目的或达成目标，追溯现状产生的源头，深挖原因<br>3. 影响是指所发现事实已经或可能造成的影响，包括经济和声誉影响；影响能量化的量化，不能量化的细化；除非需要追究责任，否则被审计单位立即改正的，则不需上审计工作底稿；审计不仅关注现在的影响，更关注未来的影响 |
| 9 | 审计建议 | 1. 内部审计人员提出审计建议时，避免使用命令式的表述，如"必须""一定"等词汇<br>2. 审计建议切忌针对性不强、说空话大话、泛泛而谈<br>3. 提出审计建议时要遵循以下原则：成本效益原则、可执行原则、标本兼治原则 |
| 10 | 被审计单位意见 | 内部审计人员要与被审计单位经办人或见证人及单位负责人就审计发现的事项、证据、原因及影响等方面进行充分沟通并达成共识，原则上需被审计单位签字确认 |

4. 关于被审计单位是否要在审计工作底稿上签字的问题

（1）被审计单位拒绝签字的情况。有些内部审计人员认为只有被审计单位在审计工作底稿上签字了该审计工作底稿才是完善的审计工作底稿，其实不然。理由一是各种审计准则等未有明确规定要求审计工作底稿必须有被审计单位的签字；理由二是审计实施过程中取得的审计证据是相关、充分且可靠的，足以作为审计工作底稿（即审计发现）的依据。即使被审计单位不在审计工作底稿上签字，审计发现的事实也依然无法改变。

（2）被审计单位签字的审计工作底稿，也不一定证明审计结果成立。有些被审计单位相关人员可能对相关业务不熟悉，或者看不懂审计工作底稿，或者出于恐惧心理而在审计工作底稿上签字，这并不能为审计发现提供佐证。

内部审计人员一定要把好审计工作底稿质量关。审计工作底稿实行三级复核制，底稿撰写者是底稿质量的第一责任人。

# 九、开好审计离场会

审计离场会是审计结果沟通非常重要的一个环节，也是审计项目开展过程中的里程碑事件。内部审计人员一定要重视并开好审计离场会。

1. 召开审计离场会的目的

审计离场会是内部审计人员与被审计单位有关人员就审计发现举行的最后一次会议，其目的有两个：一是在发送最终书面报告前，向被审计单位报告有关审计发现，与被审计单位达成一致意见；二是被审计单位负责人口头承诺将采取的整改行动。

2. 开好审计离场会的技巧

（1）审计组组长先通报此次审计发现的亮点，再通报审计发现的主要问题，并提出改进建议。

（2）关于审计问题通报，遵循谁发现的问题谁通报的原则。

该原则的好处如下。

- 让每位内部审计人员都能有展示或锻炼的机会。
- 以防被审计单位在审计离场会上提出质疑。
- 更能说清楚问题。

该原则的坏处如下。

- 内部审计人员概括能力不强会破坏审计组的形象。
- 各自汇报不利于整合审计发现。

3. 审计离场会上不应通报的内容

（1）没有查清的问题。

（2）有关重大舞弊或舞弊线索的发现。

（3）对被审计单位有不利影响的问题。

4. 在审计离场会上表达感谢

在审计离场会上，内部审计人员要感谢被审计单位的配合和支持，以表示对对方的尊重。这也有利于提升审计组的形象。

5. 审计离场会相关注意事项

（1）内部审计人员必须有礼貌，态度客观，准备充分，神情轻松、自信，并仔细地听取与会者的意见。

（2）预先准备一份书面的会议安排。

（3）会议中说明本次审计的目的，给出正面的评价、讨论审计发现、提出建议，注意给予被审计单位做出回应的机会。

（4）选择恰当的会议场所。

（5）确保有充足的时间进行讨论，并要避免外界干扰。

（6）要求所有受影响的被审计单位的管理人员和审计组成员参加会议。

## 十、经营管理审计指南

经营管理审计是风险导向内部审计最重要的审计类型之一，也是内部审计为组织增值的重要途径。经营管理审计指南如表 4-7 所示。

表 4-7　经营管理审计指南

| 序号 | 控制活动 | 重点关注 | 审计方法或风险点 | 审计标准（合规性、效益性） | | | | |
| --- | --- | --- | --- | --- | --- | --- | --- | --- |
| | | | | 制度规定 | 最佳实践 | 是否按制度执行（是打√，否打×） | 事实描述 | 备注 |
| 1 | 亮点 | 突出业绩 | 以观察、检查、询问等方式分析突出业绩 | （略） | 最佳实践 | | | |
| 2 | 经营结果 | 各项绩效指标实现情况 | 运用分析性复核对经营指标（收入、费用、利润、税负等）进行对比分析，找出差异的产生原因及其影响 | 绩效考核指标 | （略） | | | |
| 3 | | 企业治理结构 | 检查企业组织结构。通过检查企业的架构设置和体系流程，评估企业组织结构是否符合企业的目标和发展情况。具体检查企业的控制和监督框架是否恰当 | 公司法、企业章程等 | （略） | | | |
| 4 | 内控环境 | 企业治理机制 | 检查权责分配，评价控制活动的健全性、适当性、有效性。具体可以检查企业经营活动的授权文件、不相容职务是否分离、有效控制凭证和记录的真实性、资产和记录的接近限制、独立的业务审核 | （略） | 最佳实践 | | | |

| 序号 | 控制活动 | 重点关注 | 审计方法或风险点 | 审计标准（合规性、效益性） | | 是否按制度执行（是打√，否打×） | 事实描述 | 备注 |
|---|---|---|---|---|---|---|---|---|
| | | | | 制度规定 | 最佳实践 | | | |
| 5 | 内控环境 | 高层基调 | 检查高层的诚信和职业道德、价值观。具体可通过与相关人员沟通，查阅高层自我评估报告、企业文化等相关文件，检查高层的诚信与职业道德、价值观 | （略） | 最佳实践 | | | |
| 6 | | 制度建设 | 检查制度建设是否健全、适当，是否存在制度执行无人监督导致执行不力的情况 | （略） | （略） | | | |
| 7 | 财务管理 | 资金管理 | 抽查资金收支相对应的资料，包括合同、文件、审批单、收支账本和凭证等；检查资金收支情况是否符合相应条件、程序和审批权限。盘点库存现金和票据等，核对现金盘点表、银行对账单、银行存款余额调节表、票据盘点表等资料，检查票据的接收和登记、背书转让、托收与贴现情况，检查信用证开具和结算管理情况，检查相关印章的保管和使用情况 | （略） | （略） | | | |
| 8 | | 资产管理 | 通过监盘、观察等方法评价资产的安全性及使用效率 | （略） | （略） | | | |
| 9 | | 预算管理 | 预算管理机制不完善，可能导致绩效目标脱离实际，绩效监控不到位，绩效评价不科学，评价结果流于形式 | （略） | （略） | | | |
| 10 | | 税务筹划 | 税务筹划不到位，可能导致税负过高或税务风险 | （略） | （略） | | | |
| 11 | | 委派制落实情况 | 财务委派制未落实，可能导致财务失控 | 财务委派制 | （略） | | | |
| 12 | | 会计规范 | 财务核算混乱，不能发挥反映和监督职能 | 国家 | （略） | | | |

| 序号 | 控制活动 | 重点关注 | 审计方法或风险点 | 审计标准（合规性、效益性） | | | | |
|---|---|---|---|---|---|---|---|---|
| | | | | 制度规定 | 最佳实践 | 是否按制度执行（是打√，否打×） | 事实描述 | 备注 |
| 13 | 人事管理 | 组织架构 | 评估企业组织结构的合理性，看其能否有效地组织人力、财力、物力资源，并有效利用这些资源 | （略） | （略） | | | |
| 14 | | 绩效管理 | 绩效管理制度不适当、不健全，绩效目标及绩效考核方法不恰当 | （略） | （略） | | | |
| 15 | | 团队建设 | 评估员工满意率、离职率等 | （略） | （略） | | | |
| 16 | | 人力资源政策 | 检查人力资源政策，包括雇用、定位、培训、评价、晋升、付酬和补偿措施，向员工传达有关诚信、道德行为和胜任能力的期望水平方面的信息 | （略） | （略） | | | |
| 17 | 营销管理 | 营销制度建设 | 营销制度不健全、不适当，执行不到位 | （略） | （略） | | | |
| 18 | | 销售计划编制与审批 | 检查客户订单、销售计划及其核准、审批程序，并与产成品库存、产能规划、年度计划、中长期战略规划等进行比较分析，判断计划的合理性 | （略） | （略） | | | |
| 19 | | 销售价格确定 | 以销售发票为样本总体，对产品价格实施抽样审计，检查实际开票价格，并与价格清单、价格审批记录、销售定价政策等相比较，必要时检查有关的销售谈判记录 | （略） | （略） | | | |
| 20 | | 赊销信用管理 | 检查客户信用评定评分标准、客户赊销额度审批表、客户赊销额度变更是否经过审批，以及信用评分标准、信用额度的合理性；对应收账款执行分析性复核，检查客户赊销额度是否控制在信用额度内 | （略） | （略） | | | |

（续表）

| 序号 | 控制活动 | 重点关注 | 审计方法或风险点 | 审计标准（合规性、效益性） | | | 事实描述 | 备注 |
|---|---|---|---|---|---|---|---|---|
| | | | | 制度规定 | 最佳实践 | 是否按制度执行（是打√，否打×） | | |
| 21 | 营销管理 | 营销活动评估 | 营销费用预算不适当，预算执行不到位 | （略） | （略） | | | |
| 22 | | 营销绩效机制 | 审核销售业务人员考核管理办法，抽查销售业务人员月度业绩考核情况 | （略） | （略） | | | |
| 23 | | 销售合同管理 | 获取销售合同台账、合同评审表，并与客户清单比较，判断是否存在没有签订合同的销售业务和客户；查询合同变更情况，检查有关的记录，检查合同变更条款的合理性；以销售收入或客户为样本，在实施分析性复核的基础上，执行抽样审计，检查销售业务合同的真实性、合法性、完整性和履行情况 | （略） | （略） | | | |
| 24 | | 发票开具与收入确认 | 以销售收入为样本，抽样检查销售发票，检查销售结算单、开票通知单、发货单据、销售合同等资料，评价销售发票开具的合规性；以发货单为样本，抽查评价销售收入确认的准确性、完整性 | （略） | （略） | | | |
| 25 | | 销售数据分析 | 询问并检查销售有关的数据库、销售分析报告等；比较分析产品毛利率与客户订单匹配的合理性；抽查销售考核表，必要时询问相关销售业务人员 | （略） | （略） | | | |
| 26 | | 客户管理 | 询问新客户情况，检查客户清单、客户订单汇总表，整理形成新客户及订单数据 | （略） | （略） | | | |

（续表）

| 序号 | 控制活动 | 重点关注 | 审计方法或风险点 | 审计标准（合规性、效益性） | | 是否按制度执行（是打√，否打×） | 事实描述 | 备注 |
|---|---|---|---|---|---|---|---|---|
| | | | | 制度规定 | 最佳实践 | | | |
| 27 | 采购管理 | 采购计划编制与审批 | 检查物资需求计划、采购计划及其审核批准程序，抽查部分物资的采购计划，并与物资需求计划、安全库存计划、采购周期等有关数据比较，分析计划编制的合理性 | （略） | （略） | | | |
| 28 | | 供应商的选择与管理 | 检查供应商档案、合格供方标准、合格供方清单，抽查供应商考核评价表、质保能力考评表、送样检验单等供方考评、审批记录；整理实际发生业务的供应商及其供货数据，并与合格供方清单匹配，检查非合格供方供货的采购频次、是否经过特批等，评价合理性和合规性；抽查供应商业绩考核表，并将若干重要物资有关供方的业绩考核结果，与物资采购订单的分配进行比较分析 | （略） | （略） | | | |
| 29 | | 采购价格制定 | 查询采购价格数据库、核价台账，抽查采购物资的核价记录 | （略） | （略） | | | |
| 30 | | 采购验收 | 检查物资检验标准、供货质量情况汇总表，了解采购物资的质量及质量检验情况，抽查若干外购物资检验通知单、质量验收单等单据 | （略） | （略） | | | |
| 31 | | 采购账务处理 | 抽查若干供方的采购物资入账台账、采购发票，计算未开票数据，并与财务部的暂估物资清单比较；检查货款支付台账，抽查付款申请单、付款计划表和付款凭证 | （略） | （略） | | | |

（续表）

| 序号 | 控制活动 | 重点关注 | 审计方法或风险点 | 审计标准（合规性、效益性） | | 是否按制度执行（是打√，否打×） | 事实描述 | 备注 |
| --- | --- | --- | --- | --- | --- | --- | --- | --- |
| | | | | 制度规定 | 最佳实践 | | | |
| 32 | | 采购绩效考核 | 审核采购员考核管理办法，抽查采购员月度业绩考核情况 | （略） | （略） | | | |
| 33 | 采购管理 | 采购合同管理 | 抽查采购合同、合同评审表、质量协议、技术协议、合同变更协议，检查其真实性、合法性、完整性；查询主要供应商人员的变动情况；检查有关人员的变更记录 | （略） | （略） | | | |
| 34 | | 外包业务 | 查看企业有关业务外包管理制度，重点检查是否规定了业务外包的范围、方式、条件、程序和实施方法等内容，是否明确了相关部门和岗位的职责权限；检查是否存在核心业务外包的事项 | （略） | （略） | | | |
| 35 | 合同管理 | 合同基础管理 | 询问合同管理员及其变更情况，检查其资格证书或培训记录、合同管理员变更表单；检查无法签订合同业务的审批记录，并利用产品销售业务、采购业务合同审计的结果，评价其合理性和合规性；查询合同专用章或者公章的授权保管文件 | （略） | （略） | | | |
| 36 | | 合同管理流程 | 检查合同台账，抽查部分合同，检查对方的主体资质等证件资料、核价单、合同及合同评审表等资料，检查合同有效期、主要标的、双方权利与义务、违约处理等主要条款，抽查核价单、合同及合同评审表等合同核价、评审、审批、用印等有关记录 | （略） | （略） | | | |

（续表）

| 序号 | 控制活动 | 重点关注 | 审计方法或风险点 | 审计标准（合规性、效益性） | | | | |
|---|---|---|---|---|---|---|---|---|
| | | | | 制度规定 | 最佳实践 | 是否按制度执行（是打√，否打×） | 事实描述 | 备注 |
| 37 | 合同管理 | 合同条款与履行 | 抽查合同，检查其订单、付款、对方授权书、运单、发票等合同履行记录，检查合同变更或解除记录，检查合同纠纷处理资料，检查合同履行情况评估制度，检查相关分析评估资料等 | （略） | （略） | | | |
| 38 | 其他 | …… | | | | | | |

# 十一、信息化管理审计工作指南

信息化管理审计工作指南见表4-8。

表4-8  信息化管理审计工作指南

| 阶段 | | 关键事项 | 审计方法 | 常见问题 |
|---|---|---|---|---|
| 准备阶段 | 下发审计通知书 | 提前3个工作日发出审计通知书及调查资料清单 | 查阅相关资料 | IT治理与集团战略未统一 |
| | 审前调查 | 了解集团信息化战略及其实施情况 | — | — |
| | | 了解信息化管理机构及人员 | 查阅组织架构及集团发文 | — |
| | | 了解制度建设 | 访谈信息管理主责部门并取得相关资料 | 制度建设流于形式，信息化建设无章可循 |
| | | 了解信息系统采购及使用情况 | 采用调查表形式，将调查表下发各成员单位 | — |
| | 建立审计标准 | 对标学习优秀单位实践经验；学习理论知识 | 对标学习 | — |

（续表）

| 阶段 | | 关键事项 | 审计方法 | 常见问题 |
|---|---|---|---|---|
| 准备阶段 | 制定审计方案 | 根据审前调查相关资料，选定问题信息系统（重点关注闲置信息系统、客户满意度低的信息系统），并形成信息系统内部控制评价表 | 对调查表进行分析，明确问题信息系统；梳理内部控制评价重点 | — |
| 实施阶段 | 信息系统建设审计 | 信息系统采购是否经过专业人员评审，系统采购的必要性、上线后的运营等是否经过充分论证 | 检查采购立项文件 | 采购立项文件未充分论证或缺失 |
| | | 检查信息系统采购是否按集团采招制度（包括入围单位考察、开标、评标、询标、合同签订及履约等制度）执行 | 检查招投标档案、流程，并访谈相关人员 | 招投标过程出现串标、围标、陪标或指定供应商等情况 |
| | | 在验收环节，不相容职务是否未分离 | 检查验收单 | 在验收环节，不相容职务未分离；验收质量把关不严 |
| | | IT专业人员及使用单位是否充分参与信息化实施阶段，包括立项、采购、验收等环节 | 检查相关档案、流程等 | 采招过程中无使用单位及IT专业人员参与 |
| | | 款项支付是否按合同履行 | 查阅会计凭证、款项支付审批流程及相应附件 | 不按合同付款，如提前付款、超付合同款等 |
| | | 资产管理是否实现责任到人（行政部应建立资产管理台账，所有信息系统需计入台账，实现责任到人）；资产管理界限是否清晰 | 现场盘点 | 资产管理台账不完善，资产管理未实现责任到人 |
| | 信息系统运行与支持审计 | 物理控制 —— 机房管理（专人管理、定期巡检、机房必备设备齐全，如温湿度计、二氧化碳灭火器等） | 现场观察，检查巡检记录 | 无专业技术人员管理 |
| | | | | 灭火器类型选择不当 |
| | | | | 无温湿度计 |
| | | 物理控制 —— 防火墙设置（重要信息系统应设置防火墙等安全软件） | 检查是否有防火墙等软件保障网络安全 | 无安全软件 |
| | | 逻辑控制 —— 密码保护（密码由员工个人保管，一人一账号一密码） | 访谈相关人员 | 未建立全面的信息保密体系 |
| | | | | 使用人员密码保护意识较弱，相互知道密码 |
| | | | | 多人共用同一账号 |
| | | 逻辑控制 —— 账号管理（定期审阅账号，及时停用离职人员账号） | 查看用户管理界面，检查是否有离职人员账号未停用、多人共用账号等现象 | 账号申请流程缺失 |
| | | | | 未及时停用离职人员账号 |

（续表）

| 阶段 | | 关键事项 | | 审计方法 | 常见问题 |
|---|---|---|---|---|---|
| 实施阶段 | 信息系统运行与支持审计 | 逻辑控制 | 权限设置（权限设置与具体操作不相容职务需分离） | 检查用户权限是否与岗位设置匹配 | 权限设置不相容职务未分离 |
| | | 业务连续性 | 数据备份（应定期异地备份，并进行备份恢复测试） | 检查是否异地备份并进行备份有效性测试 | 未异地备份 |
| | | | | | 未进行备份恢复测试 |
| | | | — | 检查是否制订灾难恢复计划并定期测试和演习 | 未制订灾难恢复计划 |
| | 形成审计工作底稿 | — | — | — | — |
| 报告阶段 | 撰写审计报告 | — | — | — | — |
| 审计结果利用 | — | — | — | — | — |

## 十二、工程项目内部控制审计工作指南

工程项目内部控制审计工作指南见表 4-9。

表 4-9　工程项目内部控制审计工作指南

| 业务环节 | 关键控制点 | 编号 | 评价内容 | 常出现的问题 |
|---|---|---|---|---|
| 工程立项阶段 | 编制项目建议书 | 1 | 企业是否明确投资分析、编制和评审项目建议书的职责分工，包括确定牵头或组织部门、人员调配，确定选择专业机构的条件、评审方式等 | 1.立项缺乏可行性研究或可行性研究流于形式，决策不当，盲目开展工作，导致难以实现预期效益或项目失败 2.启动资金不能及时到位，影响后续进度 |
| | | 2 | 企业是否全面了解所处行业和地区的相关政策规定，以法律法规和政策规定为依据，结合实际建设条件和经济环境变化趋势，客观分析投资机会，确定工程投资意向 | |
| | | 3 | 企业是否根据国家和行业相关要求，结合本企业实际，规定项目建议书的主要内容和格式，明确编制要求 | |

（续表）

| 业务环节 | 关键控制点 | 编号 | 评价内容 | 常出现的问题 |
|---|---|---|---|---|
| 工程立项阶段 | 编制项目建议书 | 4 | 在项目建议书编制过程中，企业是否对工程质量标准、投资规模和进度计划进行分析论证，做到协调平衡 | 1. 立项缺乏可行性研究或可行性研究流于形式，决策不当，盲目开展工作，导致难以实现预期效益或项目失败<br>2. 启动资金不能及时到位，影响后续进度 |
| | | 5 | 对于专业性较强和较为复杂的工程项目，企业是否委托专业机构进行工程投资分析，编制项目建议书 | |
| | | 6 | 决策机构是否对项目建议书进行集体审议，必要时成立专家组或委托专业机构进行评审，同时确保承担评审任务的专业机构不得参与项目建议书的编制 | |
| | | 7 | 根据国家规定应当报批的项目建议书是否及时报批并取得有效批文 | |
| | 可行性研究 | 8 | 企业是否根据国家和行业有关规定及本企业实际，确定可行性研究报告的内容和格式，明确编制要求 | 可行性研究报告的编制未经过各相关部门讨论确定，未确定各方责任主体，不便于后续追踪 |
| | | 9 | 委托专业机构进行可行性研究的，企业是否制定专业机构的选择标准，确保可行性研究科学、准确、公正 | |
| | | 10 | 企业在选择专业机构时，是否重点关注其专业资质、业绩和声誉，专业人员素质、相关业务经验等 | |
| | | 11 | 企业是否能够切实做到投资、质量和进度控制的有机统一，即：技术先进性和经济可行性是否有机结合，确保建设标准符合企业实际情况和财力、物力；对于拟采用的工艺，是否既考虑其对产品质量的提升作用，又考虑企业营销状况和发展趋势 | |
| | 项目评审与决策 | 12 | 企业是否组建项目评审组或委托具有资质的专业机构对可行性研究报告进行评审 | 1. 项目评审组成员不具备相应的经验，仅按照职位筛选，不具有良好的职业道德<br>2. 项目评审组成员提交的评审报告不公正、不合理<br>3. 项目评审责任主体不明确，没有合理的奖罚措施 |
| | | 13 | 项目评审组成员是否参与可行性研究；委托专业机构进行评审的，该专业机构是否参与项目可行性研究 | |
| | | 14 | 企业评审组成员是否熟悉工程业务，并具有代表性 | |
| | | 15 | 评审组的决策机制是否充分兼顾项目投资、质量、进度、安全各方面的不同意见，而非简单遵循"少数服从多数"原则 | |
| | | 16 | 项目评审是否实行问责制，项目评审组成员是否对其出具的评审意见承担责任 | |

（续表）

| 业务环节 | 关键控制点 | 编号 | 评价内容 | 常出现的问题 |
|---|---|---|---|---|
| 工程立项阶段 | 项目评审与决策 | 17 | 在项目评审中，是否重点关注项目投资方案、投资规模、资金筹措、生产规模、布局选址、技术、安全、环境保护等方面的情况，相关资料的来源和取得途径是否真实、可靠，经济技术是否具有可行性 | 1. 项目评审组成员不具备相应的经验，仅按照职位筛选，不具有良好的职业道德<br>2. 项目评审组成员提交的评审报告不公正、不合理<br>3. 项目评审责任主体不明确，没有合理的奖罚措施 |
| | | 18 | 建设单位是否按照规定的权限和程序对工程项目进行决策，决策过程是否有完整的书面记录，是否实行决策责任追究制度 | |
| | | 19 | 重大工程项目是否报经董事会或类似决策机构集体审议批准 | |
| | | 20 | 企业总会计师或分管会计工作的负责人是否参与工程项目决策 | |
| 工程设计阶段 | 初步设计 | 21 | 企业决定外聘设计单位时，是否引入竞争机制，是否采用招标方式，是否根据项目特点选择具有相应资质和经验的设计单位 | 1. 设计单位的确定滞后，导致施工图的绘制滞后，影响后期的实际施工进度<br>2. 设计费的支付不合理，不便于后期的设计变更<br>3. 设计要求未经过相关部门的讨论和审批 |
| | | 22 | 在工程设计合同中，能否细化设计单位的权利和义务；特别是一个项目由几个单位共同设计时，是否指定一个设计单位为主体设计单位，由主体设计单位对建设项目设计的合理性和整体性负责 | |
| | | 23 | 企业是否向设计单位提供开展设计所需的详细的基础资料，并进行有效的技术经济交流，以避免资料不完整造成设计保守、投资失控等问题 | |
| | | 24 | 企业是否建立严格的初步设计审查和批准制度；是否通过严格的复核、专家评审等制度，层层把关，确保评审工程质量 | |
| | 施工图设计 | 25 | 企业是否建立严格的概预算编制与审核制度；是否严格执行国家、行业和地方政府有关建设和造价管理的各项规定和标准；是否完整、准确地反映设计内容和当时当地的价格水平 | 1. 概预算的编制未按照合同口径，定额依据不合理<br>2. 编制依据中的图纸不是最终确定的施工图<br>3. 工程量的计算不正确<br>4. 工程价款的计算不合理<br>5. 预算确定后没有经过企业各相关部门的认可<br>6. 有多个版本的施工图，存在最后施工图只有电子图的情况，没有蓝图<br>7. 蓝图中各相关单位没有盖章 |

（续表）

| 业务环节 | 关键控制点 | 编号 | 评价内容 | 常出现的问题 |
|---|---|---|---|---|
| 工程设计阶段 | 施工图设计 | 26 | 企业是否组织工程、技术、财会等部门的相关专业人员或委托具有相应资质的中介机构对编制的概预算进行审核，重点审查编制依据、项目内容、工程量的计算、定额套用等是否真实、完整和准确 | 1. 概预算的编制未按照合同口径，定额依据不合理<br>2. 编制依据中的图纸不是最终确定的施工图<br>3. 工程量的计算不正确<br>4. 工程价款的计算不合理<br>5. 预算确定后没有经过企业相关部门的认可<br>6. 有多个版本的施工图，存在最后施工图只有电子图的情况，没有蓝图<br>7. 蓝图中各相关单位没有盖章 |
| | | 27 | 企业是否建立严格的施工图设计管理制度和交底制度 | |
| | | 28 | 企业在对施工图设计进行审查时，是否重点关注施工图设计深度能否满足全面施工及各类设备安装要求，施工图设计质量是否符合国家和行业规定，各专业工种之间是否做到了有效配合等 | |
| | | 29 | 施工图设计基本完成后，企业是否召开施工图会审会议，由建设单位、设计单位、施工单位、监理单位等共同审阅施工图文件，设计单位是否进行技术交底，介绍设计意图和技术要求，及时沟通问题，修改不符合实际和有错误的图纸；会议是否形成书面会议纪要 | |
| | | 30 | 企业是否制定了严格的设计变更管理制度，规定设计单位应当提供全面、及时的现场服务，以避免设计与施工脱节的现象发生，减少设计变更的发生 | |
| 工程招标阶段 | 招标 | 31 | 企业对确需进行的变更，能否尽量控制在设计阶段，采用层层审批等方法，以使投资得到有效控制 | 1. 邀请招标对象不符合相关规定（不得少于3家）<br>2. 有串标情况<br>3. 招标文件未盖章<br>4. 询标纪要未遵循招标文件<br>5. 没有招标协调会相应会议纪要 |
| | | 32 | 因设计单位的过失而需要进行设计变更的，是否由设计单位承担相应的责任 | |
| | | 33 | 企业是否严格按照国家法律法规和本单位管理要求执行各项设计报批要求，是否出现边勘察、边设计、边施工的"三边"现象 | |
| | | 34 | 企业是否在施工图设计中引入设计监理，提高设计质量 | |
| | | 35 | 企业是否按照《中华人民共和国招标投标法》《工程建设项目施工招标投标办法》等相关法规，结合本企业实际情况，本着公开、公正、平等竞争的原则，建立健全本企业的招投标管理制度，明确应当进行招标的工程项目范围、招标方式、招标程序，以及投标、开标、评标、定标等环节的管理要求 | |

（续表）

| 业务环节 | 关键控制点 | 编号 | 评价内容 | 常出现的问题 |
|---|---|---|---|---|
| 工程招标阶段 | 招标 | 36 | 在工程立项后，对是否决定采用招标，以及招标方式、标段划分等，是否先由建设单位工程管理部门牵头提出建设计划，报经建设单位招标决策机构集体审议通过后执行 | 6. 招标文件没有 OA 审批流程<br>7. 对招标的方式、投标报价形式、标段划分、招标范围、入围单位基本条件、开标方式、评标办法、招标时间安排等招标方案的关键问题没有相关纪要<br>8. 对投标单位没有考察<br>9. 投标单位资质等未达到招标文件要求<br>10. 商务标和技术标未分别开标<br>11. 没有招标控制价<br>12. 评标报告不符合规范要求<br>13. 存在项目招标暗箱操作存在商业贿赂，可能导致中标人实质上难以承担工程项目、中标价格失实及相关人员涉案 |
|  |  | 37 | 建设单位确需划分标段组织招标的，是否进行科学分析和评估，提出专业意见 |  |
|  |  | 38 | 在划分标段时，是否考虑项目的专业要求、管理要求、对工程投资的影响及各项工作的衔接；是否违背工程施工组织设计和招标设计方案，将应由一个施工单位完成的工程项目分解成若干部分，分包给几个施工单位 |  |
|  |  | 39 | 招标公告的编制是否公开、透明，严格根据项目特点确定投标人的资格要求；是否根据"意向中标人"的实际情况确定投标人资格要求 |  |
|  |  | 40 | 建设单位不具备自行招标能力的，是否委托具有相应资质的招标机构代理招标 |  |
|  |  | 41 | 建设单位是否根据项目特点决定是否编制标底 |  |
|  |  | 42 | 需要编制标底的，标底编制过程和标底是否严格保密 |  |
|  |  | 43 | 建设单位不编制标底，而采用工程量清单模式编制招标控制价的，招标控制价是否公布 |  |
|  |  | 44 | 招标控制价是否可以超过批准的预算 |  |
|  |  | 45 | 委托工程造价咨询机构编制招标控制价的，工程造价咨询人是否可以同时接受招标人和投标人对同一工程的招标控制价和投标报价的编制 |  |
|  | 投标 | 46 | 企业是否对投标人的信息采取严格的保密措施，防止投标人之间串通舞弊 | 1. 随意更改投标对象，增加或减少投标对象未给出合理的理由且未经过招标小组的一致通过<br>2. 招标文件编制不合理，随意更改招标文件条款<br>3. 没有考察小组对投标人进行实质性考察分析，也没有完善的考察报告 |
|  |  | 47 | 企业是否建立潜在投标人保密制度，严禁潜在投标人的数量及相关信息在开标前泄露 |  |
|  |  | 48 | 企业是否科学编制招标公告，合理确定投标人资格要求；是否扩大潜在投标人的范围，以保证市场竞争性 |  |
|  |  | 49 | 企业是否严格按照招标公告或资格预审文件中确定的投标人资格条件对投标人进行实质审查，通过查验资质原件、实地考察，或者到当地工商和税务机关调查了解等，确定投标人的实际资格，预防假资质中标 |  |

（续表）

| 业务环节 | 关键控制点 | 编号 | 评价内容 | 常出现的问题 |
|---|---|---|---|---|
| 工程招标阶段 | 投标 | 50 | 委托报名投标的，企业是否要求必须提交书面委托证明及受托人身份证明、技术资格证明等，以防止借资串标 | 4.投标保证金提交不及时、不足额，退还未按照招标文件及时办理<br>5.投标人领取招标文件、投标人送达投标文件不合理、不规范 |
| | | 51 | 建设单位是否履行完备的表述签收、登记和报备手续 | |
| | | 52 | 签收人是否记录投标文件递交日期、地点和密封状况，签收标书后是否将文件放置在保密安全的地方 | |
| | | 53 | 在招标工作结束后，是否开展必要的后续工作，包括对落选者的回访，请他们就招标过程提出建议，反映问题 | |
| | 开标、评标和定标 | 54 | 开标过程是否邀请所有投标人或其代表出席会议，并委托公证机构进行检查和公证 | 1.评标委员会出具的评标报告不公正、不合理，存在偏见<br>2.开标、评标、定标未按照招标文件规定的时间进行，让不合理的投标人有可乘之机 |
| | | 55 | 企业是否依法组建评标委员会，并确保其成员具有较高的职业道德水平，并具备招标项目专业知识和丰富经验 | |
| | | 56 | 评标委员会成员名单在中标结果确定前是否严格保密 | |
| | | 57 | 企业是否规定评标委员会成员和参与评标的有关工作人员不得私下接触投标人，不得收受投标人任何形式的商业贿赂 | |
| | | 58 | 建设单位能否为保证评标委员会独立、客观地进行评标工作创造良好条件 | |
| | | 59 | 评标委员会是否在评标报告中详细说明每位成员的评价意见及集体评审结果，是否对中标候选人和落标人分别陈述具体理由 | |
| | | 60 | 中标候选人为一人以上时，招标人是否按照规定的程序和权限，由决策机构审议决定中标人 | |
| | 签订合同 | 61 | 企业是否制定严格的工程合同管理制度，明确各部门在工程合同管理和履行中的职责，严格按照合同行使权利和履行义务 | 1.OA流程的合同版本和实际签订的合同版本不一致<br>2.OA流程中显示应修订的条款，实际没有修订<br>3.合同上双方没有盖章<br>4.合同上没有合同生效时间<br>5.合同上有空白处未填写<br>6.合同与招标文件不符<br>7.合同范围与实际不一致，有虚假扩大范围的情况 |
| | | 62 | 建设工程施工合同、各类分包合同、工程项目施工内部承包合同等，是否按照国家或本建设单位制定的示范文本的内容填写，清楚列明质量、进度、资金、安全等各项具体标准 | |

（续表）

| 业务环节 | 关键控制点 | 编号 | 评价内容 | 常出现的问题 |
|---|---|---|---|---|
| 工程招标阶段 | 签订合同 | 63 | 建设单位是否建立合同履行情况台账，记录合同的实际履行情况，并随时督促对方当事人履行其义务；建设单位的履约情况是否及时做好记录并经对方确认 | 8. 合同间存在重复内容（如分包和总包合同内容重复）<br>9. 合同签订不严谨，同一份合同内容存在前后矛盾的现象<br>10. 合同编号、台账不规范<br>11. 合同签订主体名称与盖章不一致 |
| 工程建设阶段 | 施工质量、进度和安全 | 64 | 企业是否在工程项目立项后、正式施工前，依法取得建设用地、城市规划、环境保护、安全、施工等方面的许可 | 一、质量方面的问题<br>1. 钢筋、砼的品牌不符合合同要求，存在随意更换品牌的情况<br>2. 合同中主要材料的质量不符合要求，规格、型号、品牌等不符合要求，施工单位有偷工减料的行为<br>3. 未按图施工<br>二、进度方面的问题<br>1. 合同工期、计划工期、实际工期不一致<br>2. 工程实际进度存在提前或滞后的现象<br>3. 工程物资供应不及时，工程监理不到位，项目资金不落实，导致工程质量低劣、进度延迟或中断<br>4. 施工过程中监理实际人数不符合合同要求<br>5. 各项目成本优化效果不显著 |
| | | 65 | 监理单位是否建立监理进度控制体系，明确相关程序、要求和责任 | |
| | | 66 | 施工单位是否按合同规定的工程进度编制详细的分阶段或分项工作计划，报送监理机构审批后，严格按照进度计划开展工作 | |
| | | 67 | 施工单位是否至少按月对完成投资情况进行统计、分析和对比；工程的实际进度与批准的合同进度计划不符时，施工单位是否提交修订合同进度计划的申请报告，并附原因分析和相关措施，报监理机构审批 | |
| | | 68 | 施工单位是否对建设工程的施工质量负责；施工单位是否严格按照工程设计图纸和施工技术标准施工，并建立全面的质量控制制度；在施工过程中发现设计文件和图纸有差错的，是否及时提出意见和建议 | |
| | | 69 | 施工单位在施工前是否列出重要的质量控制点，报经监理机构同意后，在此基础上实施质量预控 | |
| | | 70 | 施工单位是否按合同约定对材料、工程设备及工程的所有部位及其施工工艺进行全过程的质量检查和检验，定期编制工程质量报表，报送监理机构审查 | |

（续表）

| 业务环节 | 关键控制点 | 编号 | 评价内容 | 常出现的问题 |
|---|---|---|---|---|
| 工程建设阶段 | 施工质量、进度和安全 | 71 | 监理机构是否有权对工程的所有部位及其施工工艺进行检查验收；发现工程质量不符合要求的，是否要求施工单位立即返工修改，直至符合验收标准 | 三、安全方面的问题<br>1. 安全帽、安全网的使用不规范，临边防护不到位<br>2. 特种作业人员未持证上岗<br>3. 施工单位各人员未签订劳动合同<br>4. 工程中曾发生过安全事故<br>5. 材料堆放不规整，建筑垃圾未及时清理<br>6. 员工宿舍存在乱接电线的情况，存在漏电、着火的隐患 |
| | | 72 | 建设单位是否加强对施工单位的安全检查，并授权监理机构按合同约定的安全工作内容监督、检查施工单位安全工作的实施 | |
| | | 73 | 工程监理单位和监理工程师是否按照法律法规和工程建设强制性标准实施监理，并对建设工程安全生产承担监理责任 | |
| | | 74 | 施工单位是否设立安全生产管理机构，配备专职安全生产管理人员，依法建立安全生产、文明施工管理制度，细化各项安全防范措施和操作办法 | |
| | 工程物资采购 | 75 | 重大设备和大宗材料的采购是否采用招标方式 | 1. 存在没有经过招标，项目公司私自确定采购单位的情况<br>2. 实际采购物料不符合合同要求，包括品牌、型号、规格、技术参数等<br>3. 设备的保修措施不完备<br>4. 物料存放、出库没有完备合理的手续<br>5. 采购物资时没有监理验收资料 |
| | | 76 | 对于由施工单位购买的工程物资，建设单位是否采取必要措施，确保工程物资符合设计标准和合同要求 | |
| | | 77 | 建设单位是否在合同中具体说明建筑材料和设备应达到的质量标准，明确责任追究方式 | |
| | | 78 | 对于施工单位提供的重要材料和工程设备，是否由监理机构进行检验 | |
| | | 79 | 运入施工场地的材料、工程设备，包括备品、备件、专用器具等，是否专用于合同工程 | |
| | 工程价款结算 | 80 | 建设单位是否建立完善的工程价款结算制度，明确工程流程和职责权限划分，并切实遵照执行 | 1. 进度款审核之前，资料尚不完备，没有工程师及监理确定施工部位，没有监理支付证书等<br>2. 进度款的支付比例不符合合同约定<br>3. 进度款审核后，没有成本部确认的计算稿<br>4. 进度款中未按照合同扣除相应的水电费<br>5. 存在超付风险 |
| | | 81 | 财会部门是否安排专职的工程财会人员，认真开展工程项目核算与财务管理工作，对工程建设中的材料、设备采购、存货、各项资产物资及时做好记录，并定期进行财产物资清查 | |
| | | 82 | 资金筹集和使用是否与工程进度协调一致，建设单位是否根据项目组成（分部、分项工程）结合时间进度编制资金使用计划，以作为资产管控和工程价款结算的重要依据 | |

（续表）

| 业务环节 | 关键控制点 | 编号 | 评价内容 | 常出现的问题 |
|---|---|---|---|---|
| 工程建设阶段 | 工程价款结算 | 83 | 建设单位的财会部门是否加强与施工单位和监理机构的沟通，准确掌握工程进度，确保财务报表能够准确、全面地反映资产价值，并根据施工合同约定，按照规定的审批权限和程序办理工程价款结算 | 6. 工程量、价的计算不合理<br>7. 财务支付进度款没有OA流程，存在提前支付现象<br>8. 相应支付节点没有"验收合格证明"（如完工后支付节点）<br>9. 现场水电费未按规定时间段抄表计量，并签字确认 |
|  |  | 84 | 在施工过程中，如果工程的实际成本超出了工程项目预算，建设单位是否及时分析原因，按照规定的程序予以处理 | |
|  | 工程变更 | 85 | 建设单位是否建立严格的工程变更审批制度，严格控制工程变更；确需变更的，是否按照规定程序及时办理变更手续，减少经济损失 | 1. 联系单违背合同精神<br>2. 进度款中未加入联系单的费用，支付比例未遵循合同约定<br>3. 联系单没有统一编号<br>4. 联系单的审核不合理（工程量、价的计算不符合合同约定<br>5. 联系单签字盖章不合理，有没签字就盖章或无意见盖空白章的情况<br>6. 设计变更后，实际情况没有遵循设计变更要求，如存在无故增加费用的情况<br>7. 工程联系单、设计变更等编号不规范<br>8. 变更依据不合理、不充足，存在口头交底随意签发变更单的情况 |
|  |  | 86 | 重大的变更事项是否经建设单位、设计单位、监理机构和施工单位集体商议，同时是否严加审核文件，增加审批层级，依法需报有关政府部门审批的，是否取得同意变更的批复文件 | |
|  |  | 87 | 工程变更获得批准后，能否尽快落实变更设计和施工，施工单位是否在规定期限内全面落实变更指令 | |
|  |  | 88 | 如因人为原因引发工程变更，如设计失误、施工缺陷等，是否追究当事单位和人员的责任 | |
|  |  | 89 | 发生单项工程报废的，是否经有关部门鉴定并批准后转销 | |
|  |  | 90 | 对工程变更价款的支付是否实施更为严格的审批制度，确保变更文件齐备；变更工程量的计算是否经过监理机构复核并签字确认 | |
| 工程竣工验收阶段 | 竣工结算和竣工决算 | 91 | 建设单位是否建立健全竣工验收各项管理制度，明确竣工验收的条件、标准、程序、组织管理和责任追究等 | 1. 结算资料不合理、不完整，存在遗漏关键资料（如无竣工验收报告等）的现象<br>2. 二审结算复核的咨询单位未经过集团审核同意（如没有OA流程，个别项目仅根据周例会协商确定）<br>3. 项目公司、成本部、审计法务部之间资料的移交没有移交单<br>4. 资料没有归档成册（凌乱容易丢失） |
|  |  | 92 | 竣工验收是否履行规定的程序（至少应经过施工单位初检、监理机构审核、正式竣工验收三个程序） | |
|  |  | 93 | 在正式竣工验收前，根据合同规定应当进行试运行的，是否由建设单位、监理单位和施工单位共同参与试运行 | |
|  |  | 94 | 在正式验收时，是否组成由建设单位、勘察单位、设计单位、施工单位、监理单位等组成的验收组 | |
|  |  | 95 | 工程遗留问题是否出具处理意见并在竣工验收意见中注明 | |

（续表）

| 业务环节 | 关键控制点 | 编号 | 评价内容 | 常出现的问题 |
|---|---|---|---|---|
| 工程竣工验收阶段 | 竣工结算和竣工决算 | 96 | 重大项目的验收，是否由相关方面的专家组进行评审 | 5. 未仔细复核相关单据，不便于和施工单位结算交流<br>6. 对结算过程的争议问题，没有经过审计、成本中心、项目公司三方讨论确定便和施工单位沟通<br>7. 咨询单位出具结算审计报告前，没有经过集团和项目公司的认可，且施工单位没有出具确定函<br>8. 结算之前，进度款已超付<br>9. 咨询费在认可的审计报告出具前或资料全部移交给项目公司（或成本中心）前，已付清<br>10. 竣工验收不规范，最终把关不严，导致工程交付使用后存在重大隐患 |
| | | 97 | 初检后，确定固定资产达到预定可使用状态的，施工单位是否及时通知建设单位 | |
| | | 98 | 建设单位会同监理单位初验后，是否及时对项目价值进行暂估，将其转入固定资产核算 | |
| | | 99 | 建设单位的财会部门是否定期根据所掌握的工程项目进度核对项目固定资产暂估记录 | |
| | | 100 | 建设单位是否加强对工程竣工决算的审核，是否先自行审核，再委托具有相应资质的中介机构实施审计 | |
| | | 101 | 建设单位是否加强对完工后剩余物资的管理；在工程竣工验收后，是否对各种节约的材料、设备、施工机械等，进行清理核实并妥善处理 | |
| | | 102 | 应变价处理的库存设备、材料及应处理的自用固定资产是否公开变价处理 | |
| | | 103 | 验收中发现在资金使用方面有违纪行为的，由于设计失误、论证不足或存在设备、施工问题影响工程质量的，是否追究有关单位和人员的责任 | |
| | | 104 | 建设单位是否按照国家有关档案管理的规定，及时收集、整理工程建设各环节的文件资料，建立工程项目档案；需报政府有关部门备案的，是否及时备案 | |
| 工程项目后评估阶段 | 后评估控制 | 105 | 建设单位是否建立健全完工工程项目的后评估制度；是否对完工工程项目预期目标的实现情况和项目投资收益等进行综合分析与评价，总结经验与教训，为未来项目决策和提高投资决策管理水平提出建议 | 1. 项目竣工结算后，比对目标成本，如超过预期目标成本，未分析原因，未落实到责任人身上<br>2. 未建立目标成本奖罚机制，导致成本控制效果欠佳<br>3. 项目整体交付以后，各部门、各经手人未提交总结报告，不便于后续项目的良好开展 |
| | | 106 | 建设单位是否采取切实有效的措施，保证工程项目后评估的公开、客观和公正 | |
| | | 107 | 企业是否严格落实工程项目决策及执行环节责任追究制度，工程项目后评估结果是否作为绩效考核和责任追究的依据 | |

# 十三、审计案例分析

## 1. 案例背景介绍

某公司在例行年度预算费用检查中，发现差旅费存在不真实、不合理的情况。审计人员通过分析性复核、验证机票真假、向相关人员核实业务真实性等方法，发现该公司大部分经办人员存在通过报销假机票获取差旅补助的舞弊行为，虚假报销金额达 58 万元之多。

审计机构按照年度审计计划，对该公司年度预算执行情况进行审计，以考察当年费用是否控制在预算范围内。

2. 审计目标与策略

审计目标是评价差旅费预算执行的真实性、正确性和合法性。审计人员将揭露假机票报销问题作为预算执行审计的一项专项任务。

审计策略主要是总预算控制与明细项目相结合，重点检查管理费用中的费用项目，如交通费、住宿费、招待费用等。

3. 实施过程与方法

（1）通过分析性复核找异常。

① 纵向比较。将当年的预算与往年预算进行比较分析，结果没有发现异常。

② 横向比较。通过纵向比较没有发现问题，审计人员决定对当年预算支出的各科目金额进行横向比较，发现该公司当年差旅费支出高达 120 万元，但是该公司在编人员只有 60 余人，加上临时聘用人员也不足 70 人，差旅费为何如此之高？更何况业务部门出差费用在"考察费"列支，剔除业务部门的人员后其他部门人员还不足 20 人，按此计算差旅费人均约 6 万元。

（2）执行抽样审计程序。

审计人员抽查了该公司当年 3 个月的差旅费，作为记账凭证附件的原始凭证主要是航空电子客票，根据抽查结果，发现存在以下两个问题。

① 机票为全价机票，且无住宿。多数机票的航程是跨省的，且多是往返全价机票，同时附件中无住宿发票。航空电子客票总金额约占抽查差旅费金额的 40%，涉及人员几乎包含该公司所有的员工。

② 审计人员进一步扩大审计程序，发现假机票 221 张，金额合计 58 万元。审计人员发现航空电子客票显示的乘机人员与航空电子客票验真系统反映的人员信息大多不一致，且存在少量有乘机事实但航空电子客票显示的票面金额大于出票金额的情况。审计人员仅抽查 3 个月的差旅费，发现的假机票金额就高达 12 万元，因此审计人员决定对当年差旅费报销凭证中涉及的所有机票进行验真。经过 3 天的验真整理，审计人员共

发现 453 张航空电子客票，总计金额 84 万元。其中，假机票总金额占 69%，金额共计 58 万元，相应乘机人占在职正式职工的 89%，涉及 7 个部门。

（3）访谈。

审计人员选择对差旅费金额排在前五位的员工进行访谈，以了解事情的真相，主要了解的内容如下：这么多的假机票究竟是怎么回事，报销的钱到哪里去了，领导是否了解，这是个人行为还是集体舞弊？

4. 结果与建议

经审计人员与被审计单位沟通，经办人等说出了真相，这些虚假航空电子客票是从机票代理点以每张 12～20 元的价格买来的，报销后以考察补贴、年休假补贴发放。

经过本次对差旅费的审计，该公司发现自身在内控管理方面出现了问题，需要规范管理，完善制度流程。

5. 思考

（1）差旅费虚假报销的乱象产生的原因是多方面的：一是领导法制意识不强，没有关注到报销细节；二是企业预算缺乏合理性，报销补贴的标准有待修正与完善；三是机票代理点管理混乱，公司报销流程存在管理漏洞。

（2）本案例中，审计人员在验证机票时，充分利用了外部条件，如利用民航局授权的航空电子客票验真系统，快速查验机票真假。

（3）差旅费虚假报销的主要特征如下。

① 发票出具时间与报销时间间隔较久。

② 发票出具单位有问题。有些差旅费发票中注明的出差地和出差目的地不是同一个地方，与出差住宿费发票、培训费发票严重不符。

③ 发票的内容与发生的业务不符。差旅费一般包含在外地的餐饮费用、住宿费用、会议费用等，有些差旅费发票中包含很多与出差内容无关的发票。

④ 发票破损严重，开具单位名称、日期、金额等模糊不清。

⑤ 发票附件不全。有些单位的个别差旅费发票后未附有会议内容或文件通知等。

6. 启示

费用支出舞弊是现金舞弊三大方式之一，主要通过假发票、假业务、假合同支付成本费用实现，是企业单位在管理中常见的问题。审计人员在审计调查过程中主要应考虑的是业务的真实性、准确性和合理性，具体的方法与技巧在上文中也有介绍。

就审计策略而言，审计人员应该采用"总量控制与明细核算"相结合的原则。审计人员先要核对差旅费实际发生额是否超过预算金额，若超过预算金额，则应查明事实；若没有超过预算金额，则要深入审核每项费用的真实性、准确性与合法合规性。

## 十四、采购比价审计案例及案例启示

1. 审计立项背景

××公司将高风险领域——招投标列入年度审计工作计划，作为审计工作的重中之重。××公司在保证产品质量的基础上，为了有效降低采购成本，在全公司范围内推行物资采购面向社会公开招标，制定并实施了招（议）标系列制度、招（议）标监督评价制度。内部审计机构对公开招标全过程进行跟踪，并进行招（议）标监督评价，以协助管理层推动招（议）标系列制度的有效执行，招标合规性、招标程序的有效管理，促进公司内形成公开、公平、公正的竞争氛围。

××公司的主营业务为特钢冶炼。由于特钢冶炼工艺的特殊性及历史因素，炼钢用重要辅料实行公开招标面临的阻力较大。因此，除部分通用辅料实行公开招标外，与特钢冶炼工艺相关的辅料仅部分采用公开招标。内部审计机构拟对公开招标的生产用辅料的招（议）标过程进行专项审计，以检验招（议）标实施效果及相关制度执行情况。

2. 审计过程

（1）准备阶段。

① 审前调查。

首先，熟悉相关审计标准，如《物资采购招（议）标程序》《性价比系数确定规则》；熟悉该项招标的所有前期资料，包括招标申请、招标公示表、技术协议、相关合同主要条款，以及炼钢厂上报的性价比系数计算表及原始记录。其次，访谈相关人员，如物资采购中心、招标办及炼钢厂等部门相关人员。最后，运用分析性复核发现剩余风险，将性价比系数计算表及原始记录与四季度相关数据进行对比。

通过调查得知，四季度切割连铸坯用工业燃气招标，截至网上公示期满，共三家单位报名投标：A液化气公司、B乙炔气厂、C乙炔气厂。物资采购中心与三个投标单位均签署了一致的技术协议，并对核心指标"燃气的纯度、热值、用点工作压力、充填量、残余量"等进行了约定。

中标模式为一主一辅，其中主中标单位为炼钢厂转炉工序供应工业燃气；辅中标单位为炼钢厂电炉工序供应工业燃气。炼钢厂申请采用计算方式确定性价比系数。公司的《性价比系数确定规则》规定：性价比系数是指在评标过程中用于修正投标单位投标价格、确定竞标价格的系数。它与投标价格、竞标价格的关系为：竞标价格 = 投标价格 ÷ 性价比系数。竞标价格最低者中标。性价比系数计算公式为：性价比系数 = max（各投标单位的核心指标数值）÷ 各投标单位的核心指标数值。当存在多个核心指标时，按照各核心指标权重计算综合性价比系数。核心指标单位切割长度耗气量 = 总耗气量 ÷ 总切割长度。

性价比系数计算如表 4-10 所示。

表 4-10　性价比系数计算

| 物资名称 | | 工业燃气 | | | | |
|---|---|---|---|---|---|---|
| 核心指标 | 名称 | 单位切割长度耗气量 | | | | |
| | 定义或公式 | 总耗气量 ÷ 总切割长度 | | | | |
| | 权重 | 100% | | | | |
| 投标单位 | | 核心指标 | | 综合性价比系数 | 物资使用工序 | 基础数据统计时段 |
| | | 性价比数值 | 性价比系数 | | | |
| A 液化气公司 | | 1.599 | 1.363 | 1.363 | 转炉工序 | 2 月至 4 月 |
| B 乙炔气厂 | | 2.179 | 1.000 | 1.000 | 电炉工序 | 1 月至 3 月 |
| C 乙炔气厂 | | 2.108 | 1.034 | 1.034 | 电炉工序 | 7 月至 9 月 |
| **性价比系数** = max（各投标单位的核心指标数值）÷ 各投标单位的核心指标数值 | | | | | | |

②锁定剩余风险。

审计组发现，炼钢厂所报性价比系数计算依据的原始统计资料显示，三个投标单位所供工业燃气的使用地点、使用环境及主要工艺技术参数差异较大，不具备可比性。

③制定审计方案。

将分析性复核程序中发现的剩余风险作为工作重点，对炼钢厂四季度切割连铸坯用工业燃气招标及合同签订过程进行全程跟踪审计。确定审计标准：《选择采购方式程序》《物资采购招（议）标程序》《性价比系数确定规则》《保证金管理程序》《物资采购合同审批及传递规定》等制度，以及物资采购中心、炼钢厂、招标办等部门相关人员的工作职责。初步确定审计取证方法为抽样、观察、访谈等。

（2）审计实施阶段。

①审计招标程序。

　　审计组就该项招标的性价比系数计算向招标办提出质疑，并就该项招标是否应该采用计算方式确定性价比系数，召集物资采购中心、炼钢厂、设备管理部、技术中心、企业管理部、招标办等部门相关人员进行讨论。

　　同时，为核实使用工业燃气的两个生产工序的实际情况，审计组派出两名审计人员分别到电炉工序和转炉工序的汇流排间、使用现场进行现场勘查，对这两道工序的工业燃气使用环境及主要工艺技术参数进行比对，发现它们在使用距离、送气压力、火切机最大行程和生产的坯型等影响使用效果的数据上均存在较大差异。根据《性价比系数确定规则》，所有投标单位的核心指标数值的统计时段在六个月以上，且具有可比性、可追溯性，并与原始记录一致，方可采用计算方式确定性价比系数。现场勘查及比对结果显示，投标单位核心指标数值统计环境及生产工艺条件差异较大，基础数据不具备可比性。

　　核心指标数值统计环境及生产工艺条件对比如表 4-11 所示。

表 4-11　核心指标数值统计环境及生产工艺条件对比

| 工序 | 使用地点 | 使用距离 | 送气压力（MPa） | 使用压力（MPa） | 火切机最大行程 | 生产的坯型 |
|---|---|---|---|---|---|---|
| 转炉 | 3# 连铸机 | 约 70m | 0.05 | 0.05 | 2.5m | 220×300<br>280×320 |
| 电炉 | 大方坯 | 约 200m | 0.15 | 0.05 | 1.9m | 300×360 |

　　审计组将现场勘查及比对结果传达给招标办，招标办随即组织相关业务、技术主管部门讨论，最终决定不再采用计算方式确定性价比系数，而是将所有投标单位的性价比系数均定为 1，即竞标价格 = 投标价格。商务开标最终结果为：B 乙炔气厂以 194 元 / 瓶的价格中标主供，C 乙炔气厂以 204 元 / 瓶的价格中标辅供。

　　审计组将本次工业燃气招标与上一次（三季度）招标情况进行了对比，上一次参加投标的也为这三个单位，采用前述计算方式确定了性价比系数，商务开标最终结果为：A 液化气公司以 260 元 / 瓶的价格中标主供，C 乙炔气厂以 214 元 / 瓶的价格中标辅供。从两次招标结果看，本次招标因取消了不合理的性价比系数，竞争性大大提高，本次主标中标价格比上次降低了 66 元，降低了 25.4%。

　　相邻两次工业燃气招标情况对比如表 4-12 所示。

表 4-12　相邻两次工业燃气招标情况对比

| 投标单位 | A 液化气公司 | | C 乙炔气厂 | | B 乙炔气厂 | |
|---|---|---|---|---|---|---|
| 采购期间 | 三季度 | 四季度 | 三季度 | 四季度 | 三季度 | 四季度 |
| 性价比系数 | 1.24 | 1 | 1 | 1 | 1 | 1 |
| 规格/型号 | 30kg/瓶 | 30kg/瓶 | 30kg/瓶 | 30kg/瓶 | 30kg/瓶 | 30kg/瓶 |
| 中标价（元/瓶） | 260 | —— | 214 | 204 | —— | 194 |
| 备注 | 主供转炉 | —— | 辅供电炉 | 辅供电炉 | —— | 主供转炉 |

招标办于工业燃气评标报告获公司批准的次日，通知中标单位 B 乙炔气厂领取中标通知书，并到采购中心签订合同。B 乙炔气厂向招标办明确表示，因供货能力不足，无法履行合同，放弃中标资格。根据公司《保证金管理程序》的规定，投标单位中标后拒绝签订合同，没收投标单位投标保证金。招标办再三向 B 乙炔气厂讲明后果，其仍坚持放弃中标资格。招标办立即通知物资采购中心，并要求物资采购中心出具供应商供货能力认定及推荐情况说明。物资采购中心向招标办递交的《关于炼钢厂用工业燃气议标后有关情况的说明》显示，中标单位 B 乙炔气厂放弃本次中标资格的主要原因为：该厂以往仅作为工业燃气辅供供应商，本次中标主供，需要供应的气瓶量的增加幅度较大，目前该厂资金紧张，无法满足供货需求。最终认定中标单位 B 乙炔气厂拒不执行中标结果系严重的失信行为。

② 组建联合调查组。

根据前期审计结果，审计组协同招标办、企业管理部共同组建联合调查组，先后两次前往中标单位 B 乙炔气厂调查走访，并对该厂厂长、销售副厂长及相关技术人员进行了访谈。具体情况如下。

B 乙炔气厂于 1984 年建厂，是本省最大的乙炔气生产厂家之一。产品有乙炔气和工业燃气，与我公司保持二十多年的供货关系，曾经为我公司转炉工序供应生产用工业燃气，近 5 年来一直为我公司电炉工序供应生产用工业燃气。厂区内有 2 个 $50m^3$ 的丙烷罐，有充足的气体源，充瓶间现场存放气瓶 80 余个（主供转炉工序大约需要 200 余个，辅供电炉工序大约需要 50 余个）。

本次招标供应商报名阶段，物资采购中心业务员高某曾多次要求 B 乙炔气厂不要与 A 液化气公司竞争主标，故 B 乙炔气厂在气瓶数量方面，自始至终是按照辅中标单位（辅供电炉工序）的能力要求准备的，并未对成为主中标单位（主供转炉工序）做任何准备。由于本次招标过程中审计组实施跟踪审计，炼钢厂和物资采购中心提出的以计算方式确定性价比系数无法进行，最终按照投标单位的投标价格评标。B乙炔气厂因投标价格最低而中主标，但因未提前针对主中标单位的能力要求进行准备，中标后无法接标，只能放弃。

了解此情况后，审计组再次组织联合调查组，对物资采购中心相关业务员高某及该采购流程执行师进行了走访，就从B乙炔气厂处了解到的情况及整个议标过程，进行了当面核实。高某虽不承认自己在本次招标过程中有操纵中标结果的行为，但承认在招标之前，没有按照公司《物资采购招（议）标程序》和《供应商管理办法》的规定，核实各投标单位的气瓶数量，即没有对三个投标单位的供货能力进行考察核实，在三个投标单位中，除A液化气公司之外，C乙炔气厂和B乙炔气厂均不具备为转炉工序供货的能力。使用单位炼钢厂在提出以计算方式确定性价比系数时，没有对统计基础数据进行基本条件符合性的审核，在不具备招标基础条件的情况下，组织招标并启用性价比系数。

（3）审计发现。

物资采购中心业务员高某违反了公司《物资采购招（议）标程序》和《供应商管理办法》的规定，招标之前没有对报名参加投标的投标单位实际供货能力进行考察核实，导致本次招标结束后中标单位无法履行合同。

该工业燃气招标多次在半数以上投标单位不具备供货能力的情况下开标，招标严重失去竞争性。

使用单位、业务部门违反了公司《性价比系数确定规则》的规定，在投标单位核心指标数值统计环境及生产工艺参数差异较大、基础数据不具备可比性的情况下，提出启用以计算方式确定性价比系数，导致性价比系数计算乃至多次招标失去公平性。

物资采购中心存在管理失职，在了解到招标及合同签订过程的基本事实后，未从自身查找原因并改进，而是推卸责任，将中标单位拒签合同责任全部推给中标单位。

（4）审计结果利用。

①处理处罚。

公司在OA系统中通报了关于对高某在工业燃气招（议）标中违规的处罚。

根据公司《员工处罚条例》的规定，经公司总经理办公会研究决定：鉴于高某疏于履行岗位职责，构成失职违规，且造成了严重影响，给予其记过、行政处罚，解聘其物资采购中心业务员职务，要求其重新参加操作岗位竞聘。

公司对物资采购中心及炼钢厂进行了通报批评。

公司要求招标办对现行招（议）标流程严格管理，以保证招（议）标的公平公正性；要求企业管理部对今后招（议）标过程中的违规行为进行更为严格的考核和处罚。

② 制度完善。

针对审计报告中提示的风险，公司针对招投标存在的问题完善相关的管理制度。

③ 审后一课。

审计组组织采购相关人员就企业风险管理、内部控制等内容进行培训。

## 十五、小测试

（1）审计实施阶段重要的会议有_____。

（2）审计发现的五要素是 _____。

答案：（1）审计进场会、审计碰头会、审计重点调整会、审计离场会。

　　　（2）审计标准、现状、原因、影响、建议。

第五章

# 内部审计报告及
# 整改阶段实务指南

## 问题提出

1. 内部审计报告有什么用？
2. 何时开始着手写审计报告？
3. 撰写审计报告的方法有哪些？
4. 如何对待被审计单位对审计报告的回应？

# 一、内部审计报告及整改阶段的关键环节及其具体事项

内部审计报告及整改阶段是审计机构为组织提供审计产品及助力组织增值的关键环节。在开展审计的过程中，这个环节如果没有好好把握，将会前功尽弃。该阶段的关键环节及其具体事项如表 5-1 所示。

表 5-1 内部审计报告及整改阶段的关键环节及其具体事项

| 阶段 | 关键环节 | 具体事项 |
|---|---|---|
| 审计报告阶段 | 撰写审计报告征求意见稿 | 1. 拟写审计报告征求意见稿前，审计组对审计工作底稿进行讨论，定好基调<br>2. 审计组组长负责撰写审计报告征求意见稿，征求意见稿完成后，审计组对征求意见稿进行充分讨论，进入检查和复核阶段。审计报告要内容全面、重点突出、简单明晰、富有逻辑 |

（续表）

| 阶段 | 关键环节 | 具体事项 |
|---|---|---|
| 审计报告阶段 | 征求被审计单位的意见 | 1.征求意见稿经审计总监审核通过后，审计组应征求被审计单位对审计报告的意见<br>2.被审计单位自接到审计征求意见书之日起3日内，提出书面反馈意见，若在3日内未提出书面意见，视同无异议<br>3.被审计单位对审计报告有异议的，审计组根据回复意见进一步核实，并做出书面说明，必要时修改审计报告 |
| | 审计报告审核、签发 | 1.审计报告经必要的修改后，连同被审计单位的反馈意见及时报审计总监审核<br>2.审计组根据审计总监的审核结果，再次修改审计报告并报审计总监审核、总裁审批并签发 |
| 审计考核阶段 | 审计项目及审计人员的业绩考核 | 具体内容见《审计项目工作质量和审计人员考核办法》[1] |
| 审计后续阶段 | 审计整改 | 1.主审将总裁对审计报告的批复、审计报告流转单和审计整改意见表一并下发被审计单位<br>2.被审计单位收到以上表单后，制定整改落实方案，并将方案以书面形式报告给审计机构 |
| | 后续审计和跟踪 | 主审对被审计单位的方案执行和整改情况及各职能部门改进的措施、责任人、落实时间进行后续审计和跟踪，并将后续审计和跟踪结果定期或不定期报告给审计总监及总裁 |
| | 登记审计项目台账 | 主审应按照审计报告如实登记审计项目台账 |
| | 检查审计报告的执行情况 | 1.审计机构在审计报告生效之日起3个月内，了解审计意见或建议的采纳情况，检查被审计单位对审计报告的执行情况<br>2.被审计单位已执行完毕的，审计机构应取得反映执行情况的书面材料，一并归入审计档案 |
| 审计归档和复盘 | 审计项目立卷归档 | 1.审计工作结束后，审计人员应当及时将审计工作资料归档保存，原则上谁主审谁立卷<br>2.审计档案包括纸质档案和电子档案<br>3.审计档案案卷要完整，内容要精练，卷内文件顺序排列正确<br>4.审计项目复盘（总结经验、编制审计指南等） |

---

[1] 实务工作中的常见规定，其具体内容因企业不同而不同，本书不列举。

## 二、正确认识审计报告

中国内部审计协会发布的《第 2106 号内部审计具体准则——审计报告》第二条规定："本准则所称审计报告，是指内部审计人员根据审计计划对被审计单位实施必要的审计程序后，就被审计事项作出审计结论，提出审计意见和审计建议的书面文件。"该准则第四条规定："内部审计人员应当在审计实施结束后，以经过核实的审计证据为依据，形成审计结论、意见和建议，出具审计报告。如有必要，内部审计人员可以在审计过程中提交期中报告，以便及时采取有效的纠正措施改善业务活动、内部控制和风险管理。"

## 三、审计报告的作用

1. 对内部审计人员

（1）审计报告说明了内部审计人员无须承担的责任。

（2）审计报告有助于培训内部审计人员。

（3）审计报告有助于内部审计人员发挥审计职能。

（4）审计报告有助于内部审计人员后续开展审计工作。

2. 对被审计单位

（1）审计报告有助于被审计单位对业务情况做出独立的评价。

（2）审计报告促使被审计单位采取必要的改进措施。

（3）审计报告便于被审计单位获取上级的支持。

（4）审计报告从不同的角度为被审计单位提供业务的有关情况。

（5）审计报告可协助被审计单位评价经营业务的业绩。

（6）保护作用。《审计署关于内部审计工作的规定》明确提出：审计发现的问题及被审计单位已经整改的问题，审计机关不再在报告中体现。

3. 对高级管理人员

（1）审计报告是信息的另一来源。

（2）审计报告提供独立的信息，而这种信息是不能通过其他途径传达给高级管理人员的。

（3）审计报告有利于高级管理人员汇报审计活动。

（4）审计报告有助于高级管理人员建立规范和有序的业务流程。

（5）审计报告有助于高级管理人员改善内部控制。

（6）审计报告可就组织对法规和规章的遵循情况提供证据。

4. 对政府机构

政府机构可将审计报告作为判断组织是否遵守法律的依据。

5. 对外审人员

审计报告能向外审人员提供有关内部控制质量和内审活动的信息。

6. 经济责任审计报告有三个特殊作用

（1）加强干部监督管理，正确评价和任用干部。

（2）揭露和惩治腐败行为，规范干部行为，促进廉政建设。

（3）界定责任，鉴定前后任经营业绩和经济责任。

# 四、审计报告的质量要求

审计报告的质量是审计项目的生命线。审计报告应具备"三性"，即可读性、正确性和恰当性。

1. 关于可读性

关于可读性，主要关注以下七点。

（1）报告能否给读者留下深刻的印象？

（2）报告有正确的基础和背景吗？

（3）句子是否经过精心构思？

（4）段落有主题句吗？主题句是短句吗？

（5）措辞是否过于专业？撰写审计报告的人在提交审计报告给上级之前先问自己三个问题：一是是否只有内部审计人员能够出具这份审计报告；二是该审计报告使用人能否看懂这份审计报告；三是该审计报告对组织是否有价值、有何价值。

（6）语言合乎逻辑吗？

（7）报告传达的信息清楚吗？

2. 关于正确性

关于正确性，主要关注以下七点。

（1）报告中语法和标点符号的使用正确吗？

（2）报告的规定被遵循了吗？

（3）报告中审计概念是适当的、相关的吗？

（4）报告表达的审计观点和结论有适当的支持性证据吗？

（5）报告符合审计目标吗？

（6）报告充分利用了审计人员在外勤工作中积累的所有重要数据吗？

（7）审计工作底稿可以支持报告结论吗？

3.关于恰当性

关于恰当性，主要关注以下三点。

（1）语气恰当吗？

（2）审计意见独立于事实吗？

（3）态度是客观的吗？

# 五、撰写审计报告的方法和起点

1.撰写审计报告的方法

压缩淘汰法：列出主要审计发现的提纲后，整合形成审计报告。笔者经常将撰写审计报告比作蒸馒头。审计发现和审计工作底稿如同蒸馒头所需的原材料——面和水，审计组一定要对审计发现和审计工作底稿进行梳理整合，就像蒸馒头前要揉好面。

简式总结法：由每位审计人员写出全面的、解释性的审计发现小结，审计组组长根据小结进行整合，形成审计报告。

2.撰写审计报告的起点

写审计报告就像做填空题。内部审计人员在审计一开始就应该着手准备撰写审计报告。在审前调查结束、识别剩余风险、锁定审计重点后，审计人员就应该搭建好审计报告的框架，审计取证的过程就是填空的过程。这时，审计人员可以尝试决定报告的格式、接收者、措辞、发送程序、篇幅、审计发现的表达方式、附录内容、文章布局和图表。在整个审计过程中，审计人员应与时俱进，时刻警惕审计结果是否与以上指导原则一致，并在修订审计实施方案的过程中，调整审计报告的框架。尤其在多个审计组共同实施同一专项审计时，如不能够事先达成共识，搭出报告的框架，则在审计报告中将很难合并同类项，导致审计报告不能聚焦组织风险，无法达成审计目标。

## 六、审计报告的格式和类型

审计报告切忌千篇一律，要根据报告内容确定格式和类型。

（1）审计报告常见的格式有 Word、Excel、PPT。

（2）审计报告的类型有财务收支审计报告、经济责任审计报告、经营管理审计报告、专项审计报告等。

## 七、影响审计报告质量的因素

（1）谨慎性。内部审计人员在撰写审计报告时不可盲目下笔，应认真谨慎，至少应做到以下三点。

①对审计发现的主要问题，审计组应做到"三个区分"，即区分是主观故意违纪违规还是过失犯错，区分是政策制度、法规不完善还是有意违规，区分是被审计单位发展探索中出现的失误还是以权谋私等。如果问题性质恶劣或行为是故意的，审计报告不但应该如实描述问题，还应该让领导层明白被审计单位应被严厉问责等。审计组要明白报告的撰写背景，也就是当前被审计单位的形势和任务是什么，被审计单位的要求是什么，被审计单位涉及的工作内容是什么，被审计单位发展的阶段是什么等。把这些要素搞清楚了，审计组提出的审计观点才可能不偏、不散、不离。

②根据被审计单位对待审计发现的态度及整改行动撰写报告。比如被审计单位态度诚恳且已经开始整改，审计报告中就应该肯定被审计单位所做的努力等，这也是一种审计营销。针对审计发现的问题，被审计单位已经采取的行动，应在审计报告中合适的位置描述。在这种情况下，审计组不仅达成了审计目标、鼓励了被审计单位，还能处理好审计人际关系。

③真诚对待各种回应。温暖是谁都无法拒绝的力量。审计组应与被审计单位逐一沟通其存在异议的问题，尽管可能在某些问题上达不成共识，但也能让被审计单位感受到审计人员的真诚。

（2）客观性。为确保报告的客观性，内部审计人员应当使用不带偏见的措辞，并重点关注过程中的缺陷及其整改情况。客观的报告应做到实事求是、证据充分可靠、措辞适当。

（3）清晰性。内部审计人员应使用报告接收者易于理解的、符合行业规范的词汇，以增强报告的清晰性。

（4）简洁度。内部审计人员编写报告时应当避免内容冗余，排除不必要、不重要，或者与业务无关的信息。

（5）建设性。内部审计人员在编写报告时应反映出审计发现的严重程度，以使报告富有建设性。

（6）逻辑性。逻辑性主要表现在内部审计人员在思考时能遵循严格的逻辑规则，所写报告有逻辑。报告内容应有根据，条理分明，层次清晰，前后连贯一致，不自相矛盾、混乱或含糊不清。

（7）完整性。为确保报告完整，内部审计人员撰写报告时要考虑那些对报告接收者必不可少的重要信息。

（8）及时性。内部审计人员应在计划阶段所确定的期限之前完成报告。

## 八、审计报告的十个相关注意事项

1. 注意内容要客观，结论不要武断

实事求是，是审计报告的基本要求。

审计中发现的事实与证据是编写审计报告的基础，是做出审计结论的根据，是客观公正原则的具体体现。事实部分是审计报告最重要的内容，离开了证据，审计结果和结论将成为无本之木、无水之源。内部审计人员撰写报告时要从审计的事项、时间、地点、起因、过程、结果等方面入手。审计结果要与事实一致。

2. 注意突出重点，不要泛泛而谈

审计报告的内容要突出重点，抓住问题的本质，不应仅罗列现象，切忌记流水账。不同类型的报告内容有侧重，比如经济责任审计报告要重点突出对高管人员履职情况的评价；经营管理审计报告则侧重于对被审计单位经营管理的效率性、效果性和经济性的评价。

3. 注意把握本质，不要流于形式

在编写审计报告时，内部审计人员要对调查所取得的大量资料进行去粗取精、去伪存真的加工分析和提炼，层层深入把握事物的特点和规律，不能追求形式主义，被表面现象迷惑，要注意寻找及还原业务的实质，揭示深层矛盾及风险隐患。

4. 合理使用数据

审计报告中应合理使用数据，这样报告才有较强的说服力和充分的可信度。如果报告只是数字的堆砌、指标的罗列，必然不会受欢迎。

5. 注意强化增值作用，不要文过饰非

内部审计要发挥增值功能，做到真实、准确、客观，敢于揭短，敢于曝光问题。审计报告既要肯定成绩，也要揭露问题，因此要分析产生问题的主客观因素，还要以点带面，从体制机制和制度方面寻找问题产生的原因。

6. 不要过于冗长、过于专业

审计报告应当有逻辑且易于理解，力求语言简明，观点清楚，能完整地表达审计结果，避免空泛的议论，内容冗长。尽量避免使用不必要的专业术语，对报告阅读对象可能不明了的术语应做适当的标记。文字表达一定要精炼，用词准确，避免口语化。

7. 注意形式灵活多样，不要千篇一律

审计报告在形式上可以多样化。千篇一律的文章很难吸引阅读者。但审计报告是正式的文书，讲究格式规范，必须符合公文写作的基本规定。

8. 不要满篇都是批评指责，要传播正能量

审计报告中应对被审计单位管理良好的方面表示认可，并对其面临的困难表示理解，尽可能表现积极的一面，以保持报告的平衡性。

9. 避免审计定性不准

审计定性应精准，定性不准难以让人心服口服，会增加交换意见环节的难度。

10. 审计建议要有针对性、建设性、实用性

审计报告中的审计建议要有针对性、建设性、实用性。针对性，就是建议是针对某一具体问题的，而不是泛泛而谈的；建设性，就是建议是有意义、能发挥作用的；实用性，也就是可操作性，审计报告要让被审计单位一看就明白，一明白就会实施，一实施就能取得成效。

# 九、内部审计报告常出现的 25 个问题

1. 缺少主语或主语不一致

一个句子没有主语，或者主语前后不一致，如前一分句中被审计单位是主语，后一分句中审计人员是主语。

## 2.表格数据缺少单位

如款项对应表格中金额无单位（见表5-2）。

表5-2 款项对应表格中金额无单位的举例

| 原股东 | 收购股权比例 | 应支付股权收购款 | 已支付股权收购款 |
|---|---|---|---|
| ××产权交易所股份公司 | 40% | 2 996 320 | 2 996 320 |
| ××传媒公司 | 5% | 500 000 | 500 000 |
| 小计 | 45% | 3 496 320 | 3 496 320 |

## 3.表达模糊

如"增长明显"，没有数据支撑，如何体现增长明显？"存在一定差距"，这个"一定"是多少？

## 4.用词不当

如"基础工作踏实"，此处用"扎实"更为妥当。

## 5.描述问题采用流水账形式

如"1月底盘点金额为……2月底盘点金额为……3月底盘点金额为……"。

## 6.标题序号不连贯

如"四、"后面是"六、"了。

## 7.没有深挖问题产生的原因

如写到"业务人员突然减少了50%以上"，但是没有描述业务人员突然减少的原因。

## 8.表述不完整

如"提前全年计划"，应该是"提前完成全年计划"。

## 9.对业务不熟悉，出现外行话

如"某公司经过了审计，就没有问题了"。

## 10.问题描述里缺少具体时间

如"工程原料成本一年增长了60%"，未说明是哪一年。

## 11.审计报告中出现了诗词等不合时宜的表达

如"待到山花烂漫时，业绩一定会大幅度提升"，在审计报告中使用这些诗词表达不妥。

## 12.逻辑错乱

如"在成功筹建过程中"，"成功"表示结果，应为"在筹建过程中"。

**13. 自创标准**

如上级组织对被审计单位只下达了年度计划目标，而某些审计人员在审计报告中自创了半年计划目标。

**14. 内容前后矛盾**

如在对某问题的描述中，前面讲了虚增费用的具体金额，后面又讲因为被审计单位不能提供具体材料而无法核实虚增费用的具体金额。

**15. 语法错误**

例如，"截止 2018 年年底，尚有 ×× 项目补助资金 3 600 万元未拨出。"根据语法，"截止"是不及物动词，不能带时间词语作为宾语，"截至"后面须带时间词语作为宾语。"截止到"相当于"截至"。因此，正确的表达应该是："截至 2018 年年底，尚有 ×× 项目补助资金 3 600 万元未拨出。"

**16. 引用法规未列明发文号和条款**

例如，错误的表达是"上述行为不符合《财政部 卫生部关于印发〈医院财务制度〉的通知》的规定"。对于审计发现的问题进行定性时，应列明引用法律法规的发文号和具体条款内容。正确的表达是"上述行为不符合《财政部 卫生部关于印发〈医院财务制度〉的通知》（财社〔2010〕306 号）第八章五十条'……对盘盈、盘亏的固定资产，应当及时查明原因，并根据规定的管理权限，报经批准后及时进行处理。'的规定"。

**17. 引用法规名称不规范**

例如，错误的表达是《中华人民共和国招投标法》，其正确的表达是《中华人民共和国招标投标法》。这类问题主要是粗心造成的。审计人员常常在网上查找法规，但一些网站发布的法规名称及具体条文不规范，经常出现疏漏，建议尽量在官方网站查找。

**18. 引用已过时、失效的法规**

例如，错误的表达是"对已取得用地批准并已开工但未基本建成的项目尚未按规定取得建设用地规划许可证的行为，引用 1989 年的《中华人民共和国城市规划法》作为定性法规"。针对审计发现的问题，应准确、恰当地寻找法规依据，引用的法规应与问题主体和事实对应，法规的生效期间应与违规行为发生时间对应。

正确的表达是"上述问题的发生时间为 2016 年，引用的《中华人民共和国城市规划法》已于 2008 年被废止，应适用目前正在施行的《中华人民共和国城乡规划法》的有关规定"。

19. 将发布规章制度的通知文号与附件搭配使用

例如，错误的表达是"《中央财政城镇保障性安居工程专项资金管理办法》（财综〔2017〕2 号）"。有关部门制定的办法、规定、制度、细则等，一般多以通知形式发布。文号是通知的文号，办法、规定、制度、细则等是通知的附件。正确的表达是"《财政部 住房城乡建设部关于印发〈中央财政城镇保障性安居工程专项资金管理办法〉的通知》（财综〔2017〕12 号）"。

20. 单位名称使用不当

例如，错误的表达是"市住建局"。审计文书中涉及的各单位（包括被审计单位）名称最好使用全称或标准简称，没有标准简称的，第一次称呼应使用全称，其后如需使用简称，应在第一次使用全称后标注"（以下简称'××'）"。正确的表达是"×× 市住房和城乡建设局（以下简称'市住建局'）"。

21. 报告结构层次错误

在"1"后应跟半角句号，而非顿号。序号如加括号，括号后面不加其他标点符号。用"第一"表示顺序时，应在其后用逗号，而非顿号。公文结构层次序数依次为：第一层为"一、"，第二层为"（一）"，第三层为"1."，第四层为"（1）"。

22. 计量单位使用不规范

计量单位使用不规范，错误的表述如在同一审计业务文书中，金额单位"亿元""万元"和"元"混用（如 3.28 亿元、160.97 万元、540 元）。有时审计署下发的审计报告框架稿中会统一使用"亿元""万元"的金额单位，审计组在撰写报告时，应在基本遵循的前提下，根据具体情况和需要，恰当使用金额单位，不能生搬硬套。在同一审计业务文书中，金额单位应尽量统一。

23. 文号符号使用错误

错误的表达如"《关于做好公共租赁住房和廉租住房并轨运行有关财政工作的通知》（财综 [2014] 11 号）"。文号中年份的标示符号不应是"[ ]"（方括号），应使用"〔 〕"（六角括号）。前例的正确表达是"《关于做好公共租赁住房和廉租住房并轨运行有关财政工作的通知》（财综〔2014〕11 号）"。

24. 比例符号错误

错误的表达如"涨幅达到 30-40%，金额为 10-15 万元"。在标示数值的范围时，一般采用浪纹线"～"。前后两个数值的附加符号或计量单位相同时，在不造成歧义的情况下，前一个数值的附加符号或计量单位可省略；如果省略数值的附加符号或计量单位会造成歧义，那么不应省略。前例的正确表达为"30%到40%"或"30% ~ 40%"；标示金额范围时，写法应为"10万元 ~ 15万元"。

25. 报告中过多描述审计程序等对读者无用的信息

例如，在"审计过程中，我们找了××等人进行访谈，对方回答了××；然后运用了分析性复核的审计方法，执行了符合性审计程序与实质性审计程序，并充分运用职业怀疑与职业判断，遵守职业谨慎。结论出来了，审计没有发现问题"。该段内容对读者价值不大，应该删除。

根据实务操作经验，针对审计报告常出现的问题列出审计报告自查清单，审计组组长根据该清单对审计报告草稿进行一一对比，发现报告中出现的问题并对其进行完善，可以大大提升撰写报告的效率。审计报告自查清单如表5-3所示。

表5-3　审计报告自查清单

| 类别 | 序号 | 问题描述 | 是/否 |
|---|---|---|---|
| 报告质量 | 1 | 审计报告是否实事求是地揭示、分析和反映问题，内容是否千篇一律 | |
| 报告结构 | 2 | 审计报告内容是否包括标题、审计摘要、审计评价、审计发现的主要问题、审计建议、风险提示等 | |
| 报告内容 | 3 | 审计报告是否具备简洁性、重要性、完整性、逻辑性等 | |
| | 4 | 审计报告是否注明审计期间及审计截止日期 | |
| | 5 | 审计报告中被审计单位的名称是否一致？报告中数字单位等是否一致 | |
| | 6 | 审计报告中存在的问题、风险提示、建议等内容是否均有小标题 | |
| | 7 | 审计报告是否带有主观色彩 | |
| | 8 | 审计报告是否便于阅读 | |
| | 9 | 审计报告中是否尽量减少使用定性词语（如很大、偏高、很差、较差等），是否存在"大概、也许、可能、据说、估计"等不确切的用词 | |
| | 10 | 审计报告内容是否客观 | |
| | 11 | 是否有超过95%的审计建议被完全、有效地执行 | |
| | 12 | 审计报告是否提及组织目标，并提出审计人员如何协助组织实现目标 | |
| | 13 | 审计报告是否不多于六页 | |
| | 14 | 从现场审计完成到提交最终审计报告的时间是否控制在一周内 | |
| | 15 | 所有审计意见和建议是否都不同于上次审计 | |
| | 16 | 审计报告是否包括表格 | |
| | 17 | 审计报告是否有图片 | |

（续表）

| 类别 | 序号 | 问题描述 | 是/否 |
|------|------|----------|-------|
| 报告内容 | 18 | 审计报告发布前，审计组是否与被审计单位讨论了所有问题？是否有令被审计单位感到意外的问题 | |
| | 19 | 审计报告是否着眼于未来而不是过去 | |
| | 20 | 审计报告是否只报告了重要事项，次要问题是否被单独处理 | |
| | 21 | 过去 12 个月内，是否有 3 次以上审计给出了能为组织增加价值的积极建议 | |
| | 22 | 成本/效益是否在审计报告的封面予以说明 | |
| | 23 | 最终审计报告是否包括了具体的整改措施，而不仅是整改建议 | |
| | 24 | 审计报告是否有摘要 | |
| | 25 | 审计报告是否在内网上公布 | |
| | 26 | 其他和审计相关的信息是否在内网上公布？如授权调查范围、最佳实践思想、审计工作底稿等 | |
| | 27 | 整改责任人是否有权直接整改而不需进一步的批准 | |
| | 28 | 审计报告是否包含了整改计划小结（一般在报告末尾） | |
| | 29 | 审计总监是否阅读了所有审计报告（摘要或完整报告） | |
| | 30 | 在过去两年中审计报告的格式是否有明显改变 | |
| | 31 | 所有建议是否切实可行 | |
| 审计报告结果利用 | 32 | 如果你是审计报告的接收者，审计报告能否促使你采取整改措施 | |
| | 33 | 过去 12 个月里，是否正式要求管理层评估审计报告的格式、质量等？审计报告的价值是否量化 | |
| | 34 | 审计报告是否以电子版形式发布 | |
| | 35 | 客户是否接受并认可审计意见 | |
| | 36 | 组织是否认为审计项目有帮助，并与关键风险或机会相关 | |
| | 37 | 每项整改措施是否均指定了责任人 | |
| | 38 | 被审计单位是否承诺了整改期限 | |
| | 39 | 是否有 80% 以上的整改措施/建议在商定的时间内完成 | |
| | 40 | 你是否认为这是令人满意的审计报告 | |

## 十、审计报告忌用的 11 种措辞

审计报告忌用的 11 种措辞如表 5-4 所示。

表 5-4　审计报告忌用的 11 种措辞

| 序号 | 措辞 | 修改建议 |
|---|---|---|
| 1 | 发现了……如"审计发现由于未实现职责分离" | 由于职责未分离，产生了…… |
| 2 | 有证据表明…… | 直接表述事实 |
| 3 | 看起来、或者、似乎 | 使用肯定的词语，如应该、要 |
| 4 | 在……存在薄弱环节 | 在……的改善机会是…… |
| 5 | 发现几个问题、大量、大部分、较多、严重…… | 多采用具体数据，如发现七个问题…… |
| 6 | 很明显、很糟糕 | 我希望是…… |
| 7 | 通常、大概、可能 | 表述具体一些 |
| 8 | 在审计过程中，在审计时 | 避免使用 |
| 9 | 我们通过访谈、分析性复核程序 | 避免使用 |
| 10 | 非常、重大、严重 | 慎用 |
| 11 | 所有、基本没有、从不、永远、完全 | 过于绝对，避免使用 |

# 十一、审计报告中容易忽视的细节——标点符号

1. 序号后标点的使用

（1）常用的序号层级："一、""（一）""1.""（1）""①"。

（2）常见的错误用法及正确用法如下。

- 错误用法："第一、""第二、"或"首先、""其次、"。正确用法："第一，""第二，"或"首先，""其次，"。

- 错误用法："一，""二，""三，"。正确用法："一、""二、""三、"。

- 错误用法："1、""2、""3、"和"A、""B、""C、"。正确用法："1.""2.""3."和"A""B""C"。

- 错误用法："一是、""二是、""三是、"。正确用法："一是""二是""三是"。正确用法举例：做内审工作，一是要有学习能力，二是要善于总结，三是要培养自己的好奇心。

- 错误用法："（一）、""（二）、""（1）、""（2）、"。正确用法："（一）""（二）""（1）""（2）"。

2. 概数的表达

相邻的两个数字表示概数，要用汉字表示，中间不能加顿号。错误用法："2、

3个""5、6天""27、8岁""6、7点钟"。正确用法："两三个""五六天""二十七八岁""六七点钟"。

3. 括号的使用

（1）句内括号。括号用于注释句内某个词语时，应该紧跟在被注释词语后面，括号内最后一个标点符号应省去（感叹号、问号、省略号除外）。例如，中国猿人（全名"中国猿人北京种"或简称"北京人"）的发现，是对古人类学的一大重要贡献。

（2）句外括号。括号用于注释整个句子时，放在句末点号之后。

错误的用法：写研究性文章跟文学创作不同，不能摊开稿纸即兴发挥（其实文学创作也要有文学素养才能即兴发挥）。

正确的用法：写研究性文章跟文学创作不同，不能摊开稿纸即兴发挥。（其实文学创作也要有素养才能即兴发挥。）

4. 分号的使用

复句内部并列分句之间用分号。

正确用法：语言，人们用来抒情；文字，人们用来记事。

但是有时在分句非并列关系（主要是转折关系和因果关系）的多重复句内，也叮用分号。

错误的用法：我国年满十八周岁的公民，不分民族、种族、性别、职业、家庭出身、宗教信仰、教育程度、财产状况、居住期限，都有选举权和被选举权。但是依照法律被剥夺政治权利的人除外。这个例句中的"但是"前的句号应改为分号。因为转折句前用句号停顿时间太长，割裂句意；用逗号停顿时间太短，反映不了转折关系。

正确的用法：我国年满十八周岁的公民，不分民族、种族、性别、职业、家庭出身、宗教信仰、教育程度、财产状况、居住期限，都有选举权和被选举权；但是依照法律被剥夺政治权利的人除外。

5. 引号的使用

（1）标示语段中直接引用的内容，举例如下。

李白诗中就有"白发三千丈"这样极尽夸张的语句。

（2）标示需要着重论述或强调的内容，举例如下。

这里所谓的"文"，并不是指文字，而是指文采。

（3）标示语段中具有特殊含义而需要特别指出的成分，如别称、简称、反语等，举例如下。

电视被称作"第九艺术"。

人类学上常把古人化石统称为尼安德特人，简称"尼人"。

（4）当引号中还需要使用引号时，外面一层用双引号，里面一层用单引号，举例如下。

他问："老师，'七月流火'是什么意思？"

（5）独立成段的引文如果只有一段，段首和段尾都用引号；不止一段时，每段开头仅用前引号，只在最后一段末尾用后引号，举例如下。

我曾在报纸上看到有人这样谈幸福：

"幸福是知道自己擅长什么和不擅长什么。……

"幸福是在正确的时间做了正确的选择。……"

6. 对法律条文的引用

（1）条是法律规定中具体条文的基本划分，是构成具体法律规定的基本单位。例如，《中华人民共和国企业所得税法》就是由六十条组成的。

（2）款是条的组成部分。在一般情况下，每一款都是独立的内容或是对前一款内容的补充表述。

（3）项是以列举的形式对前段文字的说明。根据立法技术的不同需要，项可以依附于条，也可以依附于款，即条中可以有项，款中也可以有项。

（4）目属于项，是法律规范中最小的单位。目的特性与作用与项相似，不同的是项是对条或款的列举式说明，而目是对项的列举式说明。

7. 表格中标点符号的运用

注意，表格中最后一句话无句末点号。

# 十二、被审计单位对审计项目的满意度评价

为不断提升审计报告质量，为组织增值，每一个审计项目结束时、每一年年末均应该就审计报告价值、审计人员职业操守、审计需求等问题，对审计报告的使用人进行满意度调查。

（1）被审计单位对审计项目的满意度评价如表5-5所示。

表 5-5　被审计单位对审计项目的满意度评价

| 序号 | 事项 | | 反馈意见 | | |
|---|---|---|---|---|---|
| 1 | 您对审计报告相关内容的评价 | 亮点 | 满意 | 一般<br>请您举例：（请详细注明审计报告第几页第几句、审计描述、事实情况） | 不满意<br>请您举例：（请详细注明审计报告第几页第几句、审计描述、事实情况） |
| | | 经营结果或其他相关数据 | 满意 | 一般<br>请您举例：（请详细注明审计报告第几页第几句、审计描述、事实情况） | 不满意<br>请您举例：（请详细注明审计报告第几页第几句、审计描述、事实情况） |
| | | 审计发现的主要问题 | 满意 | 一般<br>请您举例：（请详细注明审计报告第几页第几句、审计描述、事实情况） | 不满意<br>请您举例：（请详细注明审计报告第几页第几句、审计描述、事实情况） |
| | | 报告简洁性、重点突出程度、逻辑性 | 满意 | 一般<br>请您举例： | 不满意<br>请您举例： |
| | | 审计范围 | 满意 | 一般<br>请您举例： | 不满意<br>请您举例： |
| | | 企业风险提示 | 满意 | 一般<br>请您举例： | 不满意<br>请您举例： |
| | | 审计建议 | 满意 | 一般<br>请您举例： | 不满意<br>请您举例： |
| 2 | 您对审计人员在践行 ×× 价值观方面的评价 | | 满意 | 一般<br>请您举例： | 不满意<br>请您举例： |
| 3 | 除以上事项外，您对审计工作有何宝贵意见或建议 | | | | |

注意：表中评价"一般""不满意"时均需举例说明，否则视同无异议。

（2）审计机构报告对象对审计报告的签发单及满意度评价如表 5-6 所示。

表 5-6 审计机构报告对象对审计报告的签发单及满意度评价

| 呈报 | 总裁 | 抄报 | 被审计单位 |
|---|---|---|---|
| 抄送 | 副总裁、总裁助理 | 编号 | BODISJ2020（××）号 |
| 呈报单位 | 审计法务部 | 呈报日期 | 20××年××月××日 |
| 审计组成员 | 组长：<br>主审：<br>组员： | 复核人 | |
| 签发 | | | |
| 总裁评价 | 您对本次审计报告的质量　□很满意　□满意　□一般，原因是：<br>□重点不够突出　□深度不够　□风险未识别　□建议不可行　□其他 | | |
| 总裁对审计报告中风险提示的态度 | □暂缓　□立即采取行动，特指定_____负责 | | |

（3）年末针对全年审计工作的开展情况，应对相关人员对审计工作的满意度及需求进行调查，调查问卷示例如下。

---

## ××集团审计、风控工作满意度及需求调查问卷

尊敬的各位领导、伙伴：

　　新年好！感激您在过去的日子里对集团审计、风控工作的支持、指导和配合！为持续践行集团"××"等核心价值观，进一步改善审计服务品质，发挥审计职能的作用，促进各单位效率和效益的提升，特对集团副经理及以上管理人员进行 20×0 年审计工作满意度及 20×1 年审计需求问卷调查（注：问卷由 ×××× 独立回收并为您保密）。十分期待您的真知灼见。感谢您的支持！

（温馨提示：问卷共 7 题，预计填写完成需要 4 分钟；问卷填写截止日期为：20×1 年 ×× 月 ×× 日。）

　　第 1 题　您的姓名（可匿名）为_____，
所在单位为_____。（填空题）

---

您入职该公司的时间：_____。（填空题）

第2题　您对审计或风控工作的了解程度如何？（　　　）（单选题）

A．十分了解　　　B．了解　　C．一般　　D．不了解

第3题　请您用任意四个词对20×0年我公司内部审计、风控工作做综合

评价：_____。（填空题）

第4题　审计团队在以下几个胜任能力方面的表现，您认为如何？（　　　）

（矩阵单选题）

（1）诚实。（　　　）

A．非常满意　　　B．满意　　　C．一般（请举例）　　　D．不满意（请举例）

（2）正直。（　　　）

A．非常满意　　　B．满意　　　C．一般（请举例）　　　D．不满意（请举例）

（3）保密。（　　　）

A．非常满意　　　B．满意　　　C．一般（请举例）　　　D．不满意（请举例）

（4）廉洁。（　　　）

A．非常满意　　　B．满意　　　C．一般（请举例）　　　D．不满意（请举例）

（5）审计价值体现。（　　　）

A．非常满意　　　B．满意　　　C．一般（请举例）　　　D．不满意（请举例）

（6）审计沟通能力。（　　　）

A．非常满意　　　B．满意　　　C．一般（请举例）　　　D．不满意（请举例）

（7）审计报告撰写。（　　　）

A．非常满意　　　B．满意　　　C．一般（请举例）　　　D．不满意（请举例）

（8）审计整改跟踪。（　　　）

A．非常满意　　　B．满意　　　C．一般（请举例）　　　D．不满意（请举例）

（9）风控体系建设。（　　　）

A．非常满意　　　B．满意　　　C．一般（请举例）　　　D．不满意（请举例）

第5题　20×1年您在以下哪些方面需要审计团队提供更好的服务？

（　　　）（最多选2项）

A．风控、内控培训　　　　　B．风险识别和评估　　　C．审计问题整改

D．流程优化　　　　　　　　E．其他（请举例）

第 6 题　您建议 20×1 年审计或风控工作关注的重点领域或业务是：＿＿＿＿＿
＿＿＿＿＿＿＿＿＿＿＿＿＿＿＿＿＿＿＿＿＿＿＿＿＿＿＿。（填空题）

第 7 题　您对审计或风控工作的宝贵意见或建议是：＿＿＿＿＿＿＿＿＿＿
＿＿＿＿＿＿＿＿＿＿＿＿＿＿＿＿＿＿＿＿＿＿＿＿＿＿＿。（填空题）

请您一定直言不讳。再次感激您的支持，祝您和家人在新的一年里健康、平安！

## 十三、审计组与被审计单位对报告产生分歧时的处理策略

（1）如果产生分歧的原因是审计报告中的描述不够客观、公正，证据不可靠、不充分，那么审计组应及时予以完善。

（2）如果产生分歧的原因是被审计单位担心被问责而不敢回复意见，那么可在报告中规定：若在规定时间内未收到回复意见，视同无异议。

## 十四、审计结果沟通

内部审计人员的沟通能力对顺利开展审计工作至关重要。内部审计人员应不断提升自己的沟通能力，以促进审计目标的达成。中国内部审计协会发布的《第 2105 号内部审计具体准则——结果沟通》中指出，结果沟通是指内部审计机构与被审计单位、组织适当管理层就审计概况、审计依据、审计发现、审计结论、审计意见和审计建议进行的讨论和交流。审计结果沟通能提高审计结果的客观性、公正性，并获得被审计单位、组织适当管理层的理解和认同；能促进审计结果的利用，从而能促进内部审计机构增值作用的发挥。因此，内部审计机构应当建立审计结果沟通制度，明确各级人员的责任，进行有效的、充分的审计结果沟通。

1. 在进行审计结果沟通前，内部审计机构应明确不同的报告使用人的诉求

首先，内部审计人员要明白，审计报告主要是为报告使用人服务的。其次，在沟通过程中，内部审计人员应充分介绍审计背景，以便报告使用人理解其包含的所有信息。最后，针对不同的报告使用人（最高管理层、经营管理层等），内部审计人员应回答以下四个问题，以便更有利于审计结果沟通。

（1）他们理解什么？

（2）他们期望什么？

（3）他们被引导去期望什么？

（4）他们需要什么？

在实际中，最高管理层想知道：

（1）那些从整体上影响组织的问题；

（2）在审计的建议下，如何通过采取行动管理风险或完善相关的机制，促进组织目标的实现。

经营管理层最想知道：

（1）经营的信息；

（2）审计发现的具体问题。

2.审计结果沟通的方式和态度

原则上，被审计单位容易接受，能达到沟通目的，能实现审计目标的方式均为好方式。审计沟通的对象一般都是被审计单位的中高层管理人员，他们工作都比较忙，时间有限，所以内部审计人员事先必须做好充分的准备、要突出重点，在最短的时间内，用最简练的语言，表达自己的意思，完成沟通的任务。内部审计人员应该采取积极、主动的态度，与对方进行平等的、诚恳的讨论和交流。

在沟通中，内部审计人员要注意尊重对方，虚心和耐心地听取对方的意见，以不断完善审计结论。当然，也有不怀好意的、故意找茬的审计对象。内部审计人员不能无原则地妥协，要据理力争。如何化解审计冲突也是内部审计人员面对的挑战之一，相关信息可参照中国内部审计协会发布的《第2305号内部审计具体准则——人际关系》及相关行业研究成果。

# 十五、内部审计联席会工作指南

内部审计联席会工作指南示例如表5-7所示。

表 5-7　内部审计联席会工作指南示例

| 主要目标：营造风险文化、树立风险意识、提升企业风险管理水平，破解审计整改的难点、焦点、重点问题 | | | |
|---|---|---|---|
| 阶段 | 关键事项 | 操作方法 | 备注 |
| 准备阶段 | 收集资料 | 1. 通过查阅相关书籍、论文、杂志等确定被审计单位的内控关键点<br>2. 了解对标企业日常管理中的内部控制及风险控制点<br>3. 通过请教有经验、有能力的人，学习他们对被审计单位风险控制点的见解和看法 | 审计组成员结合案例进行系统的学习 |
| | 工作安排 | 安排审计组每一位成员的分工。比如审计组组长负责培训前的主持工作，主审负责做培训的主讲人，其他成员负责确定培训内容等 | 工作安排应合理、有序 |
| | PPT 的制作 | 主审制作培训 PPT，经审计组所有成员共同完善后确定最终版本 | PPT 的内容：为什么要学习内控；什么是内控；怎么确定内控关键点等 |
| | 编写测试卷及调查问卷 | 使用"培训宝"或"问卷星"，根据培训内容编写测试卷及培训满意度调查问卷。评价指标为考试通过率达到 90%，培训满意率达到 85% 以上 | 审计组根据培训内容制作培训的测试卷及调查问卷。测试卷用于帮助被培训人员及时回顾培训内容，加强对培训内容的记忆和理解；调查问卷用于获取被培训人员对培训内容的反馈 |
| 实施阶段 | 确定培训方式 | 培训方式有线下培训、线上培训等 | 线下培训效果更好 |
| | 确定参训人员 | 确定需要参与培训的人员，一般为被审计单位的管理层，包括高层管理者和普通管理者 | 内控的实施主要依靠领导的垂范，所以培训对象主要是管理层 |
| | 确定对接人，下发培训通知书 | 确定被审计单位的对接人，下发培训通知书，告知对接人培训时间、地点、参训人员等，由对接人负责后续事宜 | |
| | 内部审计联席会主要议程 | 1. 主持人（董事长或总裁）宣布会议开始<br>2. 主审或组长做报告，确定审计整改方案<br>3. 被审计单位领导发言<br>4. 主持人总结发言，提出整改要求 | 明确审计整改方案（问题、责任人、标准及完成时间） |
| 后续阶段 | 发放测试卷 | 在培训完成后，及时发放测试卷和调查问卷 | 测试卷和调查问卷的发放要及时，并且需要要求被培训人员在限定的时间内完成 |
| | 发放调查问卷 | | |
| | 下发会议纪要 | 下发会议纪要给参训人员；公司内部公布测试及问卷调查结果 | 会议纪要中明确审计整改方案（问题、责任人、标准及完成时间） |

# 十六、审计报告模板

1.审计报告模板一：内部控制审计报告

---

## ××公司内部控制审计报告

**集团管理团队：**

　　根据年度审计工作计划，我们组成审计组自20××年××月××日至20××年××月××日对××公司内部控制的健全性、适当性和有效性进行了专项审计。现将审计情况汇报如下。

　　**一、亮点**

　　××公司积极践行集团……的企业文化。

　　**二、审计依据**

　　审计依据包括财政部等五部委联合发布的《企业内部控制基本规范》《企业内部控制应用指引》《企业内部控制评价指引》等相关法律法规和公司相关制度。

　　**三、审计范围**

　　本次内部控制审计的范围涵盖了××公司的主要业务和事项，重点关注下表中所列的高风险领域。

| 序号 | 单位 | 主要业务和事项 |
|------|------|----------------|
| 1 | A公司 | 资金活动、财务核算、资产管理、预算管理、人力资源、组织架构、企业文化、营运管理、企划管理等 |
| 2 | B公司 | 资金活动、财务核算、资产管理、预算管理、品质管理、采购管理、营销管理等 |
| 3 | C公司 | 资金活动、财务核算、资产管理、预算管理、人力资源、品质管理、采购管理、安全管理等 |

　　**四、审计方法**

　　在审计过程中，我们采用了访谈、调查问卷、穿行测试、实地查验、抽样等方法。

---

## 五、审计结果

根据基本规范、评价指引对重大缺陷、重要缺陷和一般缺陷的认定要求，结合公司规模、行业特征、风险水平等因素，经统计，3 家公司的缺陷认定结果如下。

| 单位 | 缺陷类别 | 缺陷数量 | 业务类别 | 具体描述 |
|---|---|---|---|---|
| A 公司 | 重大 | 1 | 内控环境：企业文化 | 公司服务理念等企业文化导向与××公司可持续发展的匹配度值得商榷 |
| | 重要 | 5 | 1. 内控环境：组织结构、授权和责任分配、人力资源政策和实务<br>2. 运营管理：问题反馈及商户预警机制<br>3. 招商<br>4. 企划管理：活动策划及总结<br>5. 大额资产管理 | 1. 内控环境：员工对制度流程、内部沟通及薪酬体系的满意度有待提升<br>2. 运营管理：（1）商户问题反馈跟踪落实情况有待改进；（2）对经营状况不佳商户的预警管理有待完善<br>3. 招商：（1）招商业态规划仍处于调整期；（2）空铺率达 14.08%；（3）招商的商户质量有提升空间<br>4. 企划管理：（1）商场宣传推广活动计划性、及时性有提升空间；（2）活动总结质量有待提升<br>5. 大额资产管理：移交权属不清，××万元大额资产长期闲置 |
| | 一般 | 2 | 1. 人事管理：人员聘用及转正<br>2. 财务管理：预算管理、应收账款催收 | 1. 人事管理：（1）部分关键岗位的胜任能力值得商榷；（2）人员转正未按制度执行<br>2. 财务管理：（1）招待费用超全年预算××万元；（2）2 家商户未缴足首期款就入驻，待缴金额××万元；（3）适用税率的选择值得商榷，存在税务风险 |
| | 小计 | 8 | 备注：财务核算、资金管理等业务活动经过相关内部控制审计，暂未发现异常 | |
| B 公司 | 重大 | 0 | — | — |
| | 重要 | 0 | — | — |

（续表）

| 单位 | 缺陷类别 | 缺陷数量 | 业务类别 | 具体描述 |
|------|---------|---------|---------|---------|
| B公司 | 一般 | 5 | 1. 采购管理：采购合同签订、采购价格的确定与管理<br>2. 营销管理：业绩考核、客户信息管理<br>3. 财务管理：财务印鉴管理<br>4. 资产管理：资产领用<br>5. 门卡管理：门卡发放领用 | 1. 采购管理：（1）食材供应均未签订合同；（2）部分市场询价记录缺失；（3）采购申请手续未统一<br>2. 营销管理：（1）下半年市场销售部绩效考核方案难以发挥激励作用；（2）客户信息资源未能有序移交<br>3. 财务管理：印章保管不相容职务未分离<br>4. 资产管理：易耗品申领无人签字<br>5. 门卡管理：存在领班卡去向不明现象 |
| | 小计 | 5 | 备注：除以上5项一般缺陷外，审计暂未发现其他异常 | |
| C公司 | 重大 | 0 | — | — |
| | 重要 | 2 | 1. 财务管理：年终绩效工资表及付款流程审核<br>2. 安全管理：部分设备的日常安全检查 | 1. 财务管理：（1）年终绩效工资表存在不合理之处；（2）合同付款流程审批人审核不严<br>2. 安全管理：（1）道具日常安全检查存在应付交差情况；（2）威亚组、杂技组的设备日常安全检查缺少书面记录 |
| | 一般 | 3 | 1. 采购管理：供应商选择<br>2. 资产管理：仓库管理制度、领用手续、仓库盘点<br>3. 票务管理：票务申请 | 1. 采购管理：（1）网络采购基本未进行询比价；（2）议标无询比价资料<br>2. 资产管理：（1）仓库管理制度有待完善；（2）部分物品领用手续缺失；（3）仓库盘点仍有改进空间<br>3. 票务管理：（1）票务申请审批允许微信文字确认的方式值得商榷；（2）因组织架构调整，部分票务管理审批界面存在不明确事项 |
| | 小计 | 5 | 备注：<br>在对××公司进行内部控制审计期间，因营销总监及副总监、策划部经理均在外地出差，故本次无法对营销管理方面的内部控制进行评价<br>资金管理、人事管理、品质管理等业务活动经过相关内部控制审计，暂未发现异常 | |

**六、企业风险提示**

（略）

**七、审计建议**

（略）

2. 审计报告模板二：经营管理情况审计报告

# ××公司经营管理情况审计报告

**××公司管理团队：**

根据年度审计工作计划，我们组成审计组于20××年××月××日—××月××日对××公司20××年××月—20××年××月的经营管理情况进行了审计。在××公司的积极配合和支持下，我们分别对员工和旅行社相关人员采取了问卷调查和访谈等审计方式。

××公司在全体成员的共同努力下，20××年××月的客流量、营业收入、上座率均较上年同期有所增长，增长率分别为××、××、××，其客流量及营业收入增长较明显；同时营业成本和运营费用较上年同期分别下降××、××。但由于其项目完成情况受地理位置等客观不利因素的影响，因此不太理想，以及运营团队营销管理水平还有所欠缺，经营业绩与年初下达的销售考核指标相比仍存在较大差距。现将具体情况汇报如下。

**一、基本情况**

经营结果

（略）

**二、审计发现的亮点**

1. 20××年客流量、营业收入、上座率分别较上年同比增长××、××、××。

（1）客流量情况。

（略）

（2）营业收入情况。

（略）

（3）上座率情况。

（略）

2. 运营团队通过调整营销人员佣金政策、内部竞聘、实行阶梯薪酬体系等措施，提升了员工的工作积极性。

### 三、有待提升方面

1. 绩效指标完成情况

（略）

2. 营销团队管理情况

（1）员工冲劲儿不足。在对员工进行访谈的过程中，部分员工认为目前整个营销团队冲劲不足，这与审计人员的感受基本吻合，例如：在审计现场审计人员曾组织营销人员进行问卷调查，员工参与度仅为 5%；部分员工对经营现状有畏难情绪。在审计过程中，审计人员还发现个别员工在对接客户环节态度不够积极等。

（2）终端市场部营销人员缺编，一定程度上影响了 ×× 市场的开拓。

3. 营销能力还有提升空间

（1）营销宣传造势能力不足。

（略）

（2）市场目标客群内部未达成一致。

审计人员对营销人员进行了问卷调查，"目标市场（区域）是什么"及"目标客群有哪些"问题的答案五花八门，甚至同一个部门也有多种答案，内部未达成一致。具体见下表。

| 问题 | 员工的答案 |
| --- | --- |
| 目标市场（区域）是什么 | 江浙沪、宁波本地、宁波、宁波及周边市区、省外、浙江省、全国、全国乃至海外等 |
| 目标客群有哪些 | 学生及老年人，旅行社，各年龄段群体，男女老少，游客企事业单位，游客，中老年人，25 岁 ~55 岁人群，企业、酒店、旅行社、景点散客，小到儿童大至老人等 |

（3）营销广告宣传投入值得商榷。

（略）

4. 产业联动业绩有所提升，但部分捆绑产品效果不佳

（略）

**四、企业风险提示**

审计人员对 ×× 运营项目进行了测算，在目前现状持续发展的前提下，到 2025 年有望达到盈亏平衡，除自开业至今累计亏损 ×× 万元后，未来 5 年仍要面对亏损 ×× 万元的经营压力。

该预测的前提如下。

1. 不考虑房租和资产摊销。

2. 假设以 20×× 年经营数据为基数且预计公司销售收入每年按 ×× 增长。

3. 销售推广费用、销售人力费用每年分别按 ××、×× 增加。

4. 运营成本及其他销售费用保持不变。

**五、审计建议**

1. 集团应指定专人与政府对接，争取获得政府相关文化创意产业发展专项资金补助。

2. 按审计人员对未来 5 年运营情况的测算结果，建议对营销团队设置"门槛值""期望值""挑战值"指标，有效地激励以提升营销团队士气，进而提前达到盈亏平衡。

3. 努力提升营销能力

（1）提前对产品进行宣传造势。

（2）完善终端部门人员编制、开拓 ×× 市场。

（3）加强与部分规模较大的旅行社、旅游集散中心的长期合作。

# 十七、破解审计整改难之谜

（1）建立审计发现问题整改台账和销号机制。内部审计机构应对被审计单位建立审计发现问题整改台账，并在台账中明确整改责任部门、整改期限、整改意见等内容。另

外，内部审计机构还可以针对不同的专业领域，设置分类台账，使得整改能够得到专业部门的支持。内部审计机构通过后续审计或非现场核实等手段来评价审计发现问题的整改效果。对于整改完成的问题在台账上销号，对于超过整改期限而未完全整改的问题，一是下发限期整改通知书，二是在组织内部进行通报，三是建议考核部门给予扣分，等等。

（2）建立审计发现问题整改结果公示机制。在组织内公示审计发现问题的整改结果，能促进被审计单位负责人更加重视问题的整改。公示的范围越广、内容越透明，被审计单位负责人推动问题整改的力度越大。公示机制还能在组织内形成舆论的压力，督促被审计单位的责任部门及管理干部及时实施整改措施。

（3）建立审计发现问题整改评价与考核挂钩机制。被审计单位的负责人之所以对审计发现问题的整改不重视，很大的原因是整改结果不影响其绩效考核结果。如果将审计发现问题的整改结果作为管理干部的绩效考核指标，那么被审计单位负责人就会采取实际的行动促进问题的整改。同时，内部审计人员还可将对审计发现问题的整改结果的评价放在管理干部的经济责任审计报告中，这也会引起整改责任人的重视。

（4）管理部门的问题整改联动机制。专业管理部门参与督导被审计单位的问题整改，最大的优势是专业管理部门能够提出更加专业、有效的整改建议，而且如果涉及制度、流程的顶层设计等问题，专业管理部门也是问题的整改责任部门之一。问题整改联动机制的联动环节及具体措施如表 5-8 所示。

表 5-8　问题整改联动机制的联动环节及具体措施

| 联动环节 | 具体措施 | 责任单位 |
|---|---|---|
| 审前调查 | 内部审计机构将审计通知书及时抄送至各相关职能部门，各相关职能部门提供审计需关注的问题点或审计所需资料 | 内部审计机构主导，各相关职能部门协作 |
| 审计结果分析 | 对审计结果进行横向和纵向的整合、分析。对审计中发现的先进典型和经验及时进行总结推广。围绕是否客观、是否抓住了事物的本质、是否反映了机制的运行障碍等，从满足领导决策和企业管理需求的角度对审计报告中反映的问题进行综合分析，并从标本兼治的角度有针对性地提出审计意见或建议，供领导决策，促进审计发现问题的纠正改进 | 内部审计机构 |
| 审计结果利用 | 在月度、季度运营会议中，审计组将审计发现的共性问题、审计结果运用情况或审计问责考评结果提供给运营部门，运营部门视情况进行通报，提高审计结果利用水平 | 综合运营部 |
| | 将审计整改情况作为绩效考评、职务任免和奖惩的重要依据 | 综合运营部 |
| | 对整改措施不力、整改不到位或造成重大影响的予以问责 | 内部审计机构 |

（续表）

| 联动环节 | 具体措施 | 责任单位 |
|---|---|---|
| 审计结果利用 | 在所负责条线管理过程中，督促审计发现问题的整改落实、跟踪，督促审计结果落地，促进改善组织运营管理，提高运营效率 | 各相关职能部门 |
| | 完善整改规范相关制度，定期将条线管理中发现的问题汇总提交给审计机构 | |
| | 将涉及重大舞弊或触犯法律的事项，或者移交监察，或者依法律程序办理 | 内部审计机构 |
| | 针对审计发现的普遍性、倾向性问题，制定完善财务管理制度，规范财务收支行为 | 财务部 |
| | 跟踪落实审计整改结果，提报给上级领导或相关部门 | 内部审计机构 |

（5）建立审计发现问题整改分类督导机制。审计发现问题多种多样，有的涉及机制、制度问题，有的涉及行业性问题，有的涉及战略执行问题，有的涉及操作问题，等等。根据审计发现问题整改的紧急程度，其还可以分为立即整改问题、限期整改问题、按整改计划进度完成整改的问题等。

无论什么样的审计发现问题整改机制，仅靠审计机构的力量不仅很难建立，而且即使建立了也很难有效运行；即使得到组织领导的支持，如果没有专业管理部门的配合，也很难建立或有效运行。审计发现问题的整改督导确实会耗费审计机构很大的精力，审计机构一方面要与组织的领导及时沟通并获得支持，另一方面也要做好规划、结合实际情况稳步推进。审计发现问题的整改督导不可能一步到位，也不会一蹴而就，审计机构既要顶住压力实施督导，又要开动脑筋探索问题整改督导新的方式方法，还要调动一切可以调动的力量共同推动审计发现问题的整改。如果被审计单位不整改，那么其需填写"风险自担承诺书"。

## 风险自担承诺书

×× 集团审计机构：

　　×× 单位对于下述审计人员提出的审计整改意见，出于_____原因，故不采取整改行动，承诺自担相关风险。具体整改问题如下表所示。

### 具体整改问题

| 序号 | 审计发现问题 | 风险等级 | 整改内容 |
|---|---|---|---|
| 1 | | | |
| 2 | | | |

## 十八、评价被审计单位的配合度

被审计单位配合度评价表见表 5-9。

表 5-9　被审计单位配合度评价表

| 项目阶段 | 关键点 | 分值 | 评价标准 | 得分 | 备注 |
|---|---|---|---|---|---|
| 审前准备阶段 | 审计资料提供及时性 | 15 | 按时提供得满分，逾期提供一天，扣3分，扣完为止 | | 1. 得分＜60分，为"有限度配合"，由于审计配合工作对现场会产生较大影响，建议对相关责任人进行追责<br>2. 60分≤得分＜80分，为"较为积极配合"<br>3. 得分≥80分为"积极配合" |
| 现场审计阶段 | 进场会参与度 | 15 | 以公司副总经理及以上级别的人员、各部门负责人的出席率×15为最终得分 | | |
| 现场审计阶段 | 现场审计配合情况 | 25 | 相关人员无时间配合、未及时与审计组沟通的，每出现一例，扣3分，扣完为止 | | |
| | 审计工作底稿确认 | 15 | 相关人员无时间配合、未及时与审计组沟通的，每出现一例，扣3分，扣完为止 | | |
| 报告与整改阶段 | 审计报告征求意见回复 | 15 | 按时、按标准回复得满分，逾期回复一天，扣3分，扣完为止 | | |
| | 审计整改情况 | 15 | 按时、按标准整改得满分，无特殊原因逾期整改一天，扣3分，扣完为止 | | |
| 合计得分 | | | | | |

## 十九、审计报告案例加点评

某公司审计报告的部分内容如下。

"审计目标：对 ×× 公司出差管理、差旅费报销审批等流程及差旅费报销政策的执行情况做出客观评价，促进建立和健全内部控制制度，并提出可行的建议和改善措施。

"根据《内部审计管理制度》及领导安排，总经办审计组对 ×× 公司的差旅费进行专项审计。在审计过程中，我们实施了适当的、必要的审计程序。按照既定的审计方案，结合公司实际情况，总经办审计组于20××年××月××日对20××年××月××日—20××年××月××日××公司的差旅费报销进行了审计，并对出差管理进行了延伸审计。"

对此段内容的点评如下。

（1）审计目标的描述存在逻辑上的错误。出差管理包含差旅费报销审批，二者不应并列。"可行的建议"与"改善的措施"表述重复。审计目标建议改为"对××公司差旅费管理情况进行客观评价，发现管理中的问题，提出审计意见或建议，促进公司差旅费管理水平的提升"。

（2）审计依据不合适，审计程序不够简洁明了。审计依据建议改为公司年度审计工作计划。审计程序建议改为："内部审计机构组建审计组，于20××年××月××日对20××年××月××日—20××年××月××日××公司的差旅费管理情况进行了就地审计，现将审计情况汇报如下。"

## 二十、小测试

撰写审计报告的起点在（　　　　）。

A. 准备阶段　　　　　　　　B. 实施阶段　　　　　　　　C. 报告阶段

答案：A。

第六章

# 内部审计制度及
# 团队管理实务指南

## 问题提出

1. 不同的内部审计报告关系有何利弊？
2. 内部审计机构制度体系包含哪些层次？
3. 如何考核内部审计机构的工作绩效？
4. 内部审计岗位的职责有哪些？

# 一、内部审计报告关系及其利弊

国际内部审计师协会主张独立性是内部审计的灵魂，内部审计的独立性越强，越能发挥增值作用。理想的内部审计报告关系是内部审计机构行政上向首席执行官报告工作，职能上向董事会或审计委员会报告工作。内部审计报告关系及其利弊如表6-1所示。

表 6-1　内部审计报告关系及其利弊

| 序号 | 内部审计报告关系 | 利 | 弊 |
|---|---|---|---|
| 1 | 内部审计机构以董事会下设的审计委员会为报告对象 | 报告层次最高；内部审计组织地位高、独立性强 | 不能满足管理层的直接需求 |
| 2 | 内部审计机构以董事会为报告对象 | 内部审计独立性、权威性强，组织地位较高，可以深入经营管理的各个方面 | 无法监督董事会 |

（续表）

| 序号 | 内部审计报告关系 | 利 | 弊 |
|---|---|---|---|
| 3 | 内部审计机构以监事会为报告对象 | 内部审计独立性强；有利于对公司各方面的监督检查 | 由于监事会不参与公司日常经营管理，内部审计机构提出的管理建议落地比较难 |
| 4 | 内部审计机构以总裁为报告对象 | 能直接为管理层（总裁）服务 | 难以对管理层（总裁）进行监督 |
| 5 | 内部审计机构以财务总监（财务部）为报告对象 | 有利于改善财务条线的管理 | 内部审计权威性、独立性最差，不能为整体经营层服务，对公司治理、内控、风控等方面的作用难以发挥 |
| 6 | 内部审计机构以副总裁为报告对象 | 有利于为管理层（副总裁）服务 | 内部审计权威性、独立性较差，不能为整体经营层服务，对公司治理、内控、风控等方面难以发挥作用；副总裁如为职业经理人，内部审计发挥的作用更小 |

## 二、内部审计机构的制度体系

时现教授认为，职业即个人所从事的服务于社会并作为主要收入来源的工作。根据中国职业规划师协会的定义：职业 = 职能 × 行业。职业化是指工作状态的标准化、规范化、制度化。内部审计机构制度体系应包括以下四个层次。第一层次，内部审计章程，内容包括内部审计宗旨、定位、愿景和使命等。第二层次，内部审计手册（基本制度），内容包括内部审计机构的职责说明书、内部审计职业道德手册、对内部审计人员胜任能力的要求、内部审计质量管理手册等。第三层次，具体制度，如经济责任审计管理办法、工程审计管理办法、审计取证的制度等。第四层次，内部审计人员的职业素养和道德规范。

## 三、内部审计守则及岗位职责示例

1.××集团内部审计守则

（1）一个宗旨。内部审计旨在改善组织管理，增加组织价值，实现组织目标。

（2）两个认识到。内部审计人员应认识到如果没有敬业、奉献精神，是做不好内部审计工作的；认识到内部审计的目的不在于揭示和打破，而在于建议和改善。

（3）三个坚持。坚持职业化，坚持特色化，坚持科学化。

坚持职业化：着力提升内部审计人员的职业意识、职业道德和职业技能，加快内部审计职业化进程。

坚持特色化：将国内外内部审计先进理论与优秀经验本土化、特点化，最大限度地发挥内部审计的作用。

坚持科学化：推进内部审计的理念、制度、管理等层面的科学化，充分发挥内部审计在组织治理、风险管理和内部控制中的作用，促使其为组织实现增值与转型升级服务。具体表现在以下三个方面。

① 推进内部审计理念的科学化。树立内部审计新理念，即：重监督，也重服务；重结果，也重过程；重事后，更重事中、事前；重合规，更重经济性、效率性；重当前，也重战略性和长远性。引导内部审计由控制导向向风险导向转变，以促进经济发展方式转变为重点，构建以风险为导向、控制为主线、治理为目标、增值为目的的风险导向内部审计模式，促使内部审计实现科学发展。

② 推进内部审计制度的科学化。加大内部审计规范化建设力度，将制定和完善内部审计规范作为一项长抓不懈的工作。

③ 推进内部审计管理的科学化。增强内部审计项目计划的科学性，倡导以审计需求为导向，有的放矢地确定内部审计项目计划；注重内部审计项目业务流程的科学性，以实质重于形式为要求，重塑内部审计项目业务流程；增强内部审计实施方式的科学性，大力提倡专项内部审计与专项审计调查，增强内部审计的灵活性与针对性；增强内部审计技术方法的科学性，大力推进 IT 技术在内部审计工作中的广泛应用，积极推广以在线审计、实时审计为特征的联网审计模式，提高审计效率。

（4）三个决不能。决不能以情面代替审计原则，决不能以习惯代替审计流程，决不能以信任代替相互监督。

（5）四种意识。具体内容为风险意识、服务意识、廉洁意识、创新意识。

2. 内部审计岗位职责

（1）审计总监的职责如下。

- 全面负责和主持本部门的各项工作。
- 带领团队对集团的内部控制及风险管理进行评估，提出改进建议或处罚意见，促进集团内部控制体系的建设。
- 制订部门年度工作计划，审核部门费用预算并将本部门费用控制在预算范围之内。

- 带领团队建立健全内部审计文化、内部审计管理体系等；组织拟定、执行和维护内部审计各项制度。
- 指导本部门开展工程审计、绩效审计、经济责任审计、经营管理审计、比价审计、后续审计、专项审计等工作；复核关键性审计工作底稿，审定审计报告，核准审计重要事项。
- 定期召开部门内部会议，对团队成员的工作进行分配、考核、评价和指导。
- 组织团队成员进行廉洁自律、业务技能等方面的培训，督促团队成员不断提升业务能力。
- 倡导向上的企业文化、传播正能量。
- 完成组织交办的其他临时工作。

（2）审计经理的职责如下。

- 在审计总监的指导下，拟定内部审计相关制度，经审定后组织实施。
- 以企业风险和需求为导向，开展对集团内部各公司的经营管理审计、绩效审计、经济责任审计、专项审计等工作；评估各公司内部控制的健全性、经营绩效；针对审计发现的问题提出建设性的审计建议。
- 撰写审计报告并跟踪落实整改情况。
- 编制部门预算。
- 负责组织收集、整理国家和地方与公司业务有关的法律法规、政策，为公司的整体发展和重大经营决策提供相应的咨询服务。
- 参与并监督公司合并、分立、投资、租赁、资产转让、招投标、项目清理等重要经济活动。
- 负责来信、来访的处理，受理对员工的检举、控告，并按规定进行处理和答复。
- 负责本部门文件、资料的日常管理及立卷归档工作。
- 组织审计相关的培训工作，倡导向上的企业文化，传播正能量。
- 完成领导交办的其他临时工作。

（3）审计主管的职责如下。

- 接受审计经理安排的项目审计工作，在审计经理的指导下，拟定审计计划和实施方案。

- 按照审计程序及审计方法，获取充分的审计证据，编写审计工作底稿。
- 对审计工作中发现的问题，提出改善建议，起草审计报告。
- 总结单项审计工作，向审计总监提出改进内部审计工作的建议。
- 协助开展后续审计工作。
- 协助拟定、完善、评价公司内部控制制度和操作流程。
- 协助完成审计档案资料的装订和归档。
- 倡导向上的企业文化，传播正能量。
- 完成领导交办的其他临时工作。

（4）审计专员的职责如下。

- 接受审计经理安排的项目审计工作，在审计经理的指导下，按照审计程序及审计方法，获取充分的审计证据，编制审计工作底稿。
- 对审计工作中发现的问题提出建议。
- 协助完成审计档案资料的装订和归档。
- 参与或组织本部门的业务技能培训。
- 倡导向上的企业文化，传播正能量。
- 完成领导交办的其他临时工作。

## 四、内部审计制度的示例

1.××集团内部审计章程示例

---

### ××集团内部审计章程

第一章　总则

第一条　为明确××控股集团有限公司（以下简称"集团"）内部审计机构和内部审计人员的职责，规范内部审计行为，根据《中华人民共和国审计法》《审计署关于内部审计工作的规定》《中国内部审计准则》和集团相关制度，特制定本章程。

第二条　本章程是指导集团内部审计工作的基础，是制定其他内部审计制

---

度、规章、实务指南的依据。

第三条　本章程所称内部审计是指组织内部一种独立、客观的确认和咨询活动，旨在增加价值和改善组织的运营。它通过应用系统、规范的方法，评价并改善风险管理、控制和治理过程的效果，帮助组织实现其目标。

第四条　集团内部审计机构在职能上向董事会或总裁报告工作，在行政上（预算和财务、人力资源管理、内部沟通和信息交流、内部审计机构政策与程序等方面）向总裁授权的副总裁及以上领导报告工作。

为有效提高集团内部审计机构的独立性，董事会或总裁应履行以下职责：

（一）批准内部审计章程；

（二）批准年度内部审计计划；

（三）审核内部审计机构负责人关于内部审计工作结果和其认为有必要的其他事务的报告，每年至少和内部审计机构负责人确认一次内部审计在组织上的独立性；

（四）适当地询问管理层和内部审计机构负责人，以确定是否由于审计范围和预算受到限制而阻碍了内部审计机构履行其职责；

（五）批准内部审计机构负责人的业绩评估和任免的决定；批准对内部审计机构负责人年度薪酬和工资的调整；

（六）积极监督、审查审计建议落实情况；

（七）保证内部审计活动在确定审计范围、开展工作和报告结果时，免受干扰。

第五条　内部审计的工作范围为集团各部门及全资或控股单位。

第六条　本章程适用范围为集团内部审计机构。

第二章　内部审计机构与人员

第七条　内部审计人员应当具备从事审计工作所需要的专业能力，包括精通内部审计标准、程序和技术；熟悉会计原则和技术；理解管理原则；具备识别舞弊信号的知识；对会计、商法、税收、金融、量化方法和信息技术等领域的基本内容有深入领会；拥有开展有效人际交流的技能、出色的口头和书面表达能力。内部审计机构应当严格内部审计人员录用标准，支持和保障内部审计机构通过多种途径开展继续教育，提升内部审计人员的职业胜任能力。内部审计机构负责人应当具备审计、会计、经济、法律或管理等工作背景。

第八条 内部审计机构应当根据工作需要，合理配备内部审计人员。除涉密事项外，可以根据内部审计工作需要向社会购买审计服务，并对采用的审计结果负责。

第九条 内部审计机构负责人每年至少向董事会报告一次内部审计活动的宗旨、权利、职责及与计划相关的工作开展情况，报告中还必须包括重大风险披露和控制事项，其中包括舞弊风险、治理及总裁或董事会要求的其他事项。

第十条 集团应当保障内部审计机构和内部审计人员依法依规独立履行职责，任何单位和个人不得打击报复。

第十一条 内部审计机构履行内部审计职责所需经费，应当列入集团预算。

第十二条 内部审计人员应坚持原则，勇于创新，遵守诚信、客观、保密、胜任的职业道德规范，以应有的职业审慎开展内部审计工作。

第十三条 对忠于职守、坚持原则、认真履职、成绩显著的内部审计人员，集团应予以激励或表彰。

第三章 内部审计的职责和权限

第十四条 内部审计机构应当按照国家有关规定和集团的要求，履行下列职责：

（一）对集团及所属单位贯彻落实集团决议、决定等情况进行审计；

（二）对集团及所属单位发展规划、战略决策、重大措施以及年度工作计划执行情况进行审计；

（三）对集团及所属单位财务收支情况进行审计；

（四）对集团及所属单位固定资产投资项目进行审计；

（五）对集团及所属单位经济管理和效益情况进行审计；

（六）对集团及所属单位内部控制及风险管理情况进行审计；

（七）对集团内部管理的领导人员履行经济责任情况进行审计；

（八）对集团企业文化建设、信息技术管理、隐私管理、职能作用发挥等进行审计；

（九）协助集团管理团队督促落实审计发现问题的整改工作；

（十）集团董事会或总裁要求办理的其他事项。

第十五条　内部审计机构应有下列权限：

（一）要求被审计单位按时报送发展规划、战略决策、重大措施、内部控制、风险管理、财务收支等有关资料（含相关电子数据，下同），以及必要的计算机技术文档；

（二）参加集团及所属各单位有关会议，召开与审计事项有关的会议；

（三）参与研究制定有关的规章制度，提出制定内部审计规章制度的建议；

（四）检查有关财务收支、经济活动、内部控制、风险管理的资料、文件和现场勘察实物；

（五）检查有关计算机系统及其电子数据和资料；

（六）就审计事项中的有关问题，向有关单位和个人开展调查和询问，取得相关证明材料；

（七）对正在进行的严重违法违规、严重损失浪费行为及时向集团总裁报告，经同意做出临时制止决定；

（八）对可能转移、隐匿、篡改、毁弃会计凭证、会计账簿、会计报表及与经济活动有关的资料，经批准，有权予以暂时封存；

（九）提出纠正、处理违法违规行为的意见和改进管理、提高绩效的建议；

（十）对违法违规和造成损失浪费的被审计单位和人员，给予通报批评或提出追究责任的建议；

（十一）对严格遵守财经法规、经济效益显著、贡献突出的被审计单位和个人，可以向总裁提出表彰建议。

第十六条　内部审计的实施程序，应当依照内部审计职业规范和集团的相关规定执行。

第十七条　内部审计机构对集团管理的领导人员实施经济责任审计时，可以参照执行国家有关经济责任审计的规定。

第十八条　内部审计人员可应被审计单位的需求以适当方式提供咨询服务，改善组织的业务活动、内部控制和风险管理，但咨询服务不得损害审计独立性。

第四章　审计结果运用

第十九条　集团应当建立健全审计发现问题整改机制，明确被审计单位主要负责人为审计意见落实的第一责任人。在通常情况下，对审计发现的问题和提出的建议，被审计单位应当及时整改，并将整改结果书面告知内部审计机构；若某些审计发现和建议非常重要，经集团总裁同意，高管团队牵头立即采取行动，针对审计发现问题明确职责、分工协作、合力促使审计整改落到实处，内部审计机构应对这些情况进行持续监督，直至问题被纠正或建议被采纳。

第二十条　集团对内部审计发现的典型性、普遍性、倾向性问题，应当及时分析研究，制定和完善相关管理制度，建立健全内部控制措施。

第二十一条　内部审计机构应当加强与法务、监察、人力资源等其他内部监督力量的协作配合，建立信息共享、结果共用、重要事项共同实施、整改问责共同落实等工作机制。

内部审计结果及整改情况应当作为考核、任免、奖惩干部和相关决策的重要依据。

第二十二条　集团对内部审计发现的重大违纪违法问题线索，应当按照管辖权限及时移送监察部门。

第五章　内部审计工作程序

第二十三条　审计工作的进行必须遵照下列审计程序。

（一）内部审计机构应在风险评估的基础上制订年度审计计划，并充分考虑董事会、高管团队及被审计单位的要求。年度审计计划应报集团总裁审批，内部审计机构可根据实际情况变化，对计划进行相应的调整。

（二）内部审计机构一般应提前3日对被审计单位发出审计或调查通知书，但对特殊性质事项的调查不受此限，被审计单位必须按照审计通知书要求，全力配合审计工作。

（三）审计组结束审计调查工作时，应将审计或调查结果与接受审计或调查单位及主管领导进行充分沟通，并在此基础上形成审计或调查报告征求意见稿，接受审计或调查单位应在收到审计或调查报告征求意见稿 3 日内提出书面意见，在规定的期限内如不提出意见视为同意审计意见，但对特殊性质问题的审计，内部审计机构可不征求被审计单位的意见。

（四）在充分考虑接受审计或调查单位意见和事实依据的基础上形成正式审计或调查报告，双方争议的问题也可在报告中提出。

（五）内部审计机构根据总裁对审计报告的批复提出审计处理或改进意见书并下发给各被审计单位执行，被审计单位对审计处理或改进意见书应按要求制定整改落实方案，并将方案以书面形式报告主管领导和审计机构，主管领导和内部审计机构根据需要进行后续审计或跟踪调查，以确定责任单位是否整改到位并进行重点考核，确保整改落实到位。

第二十四条　内部审计机构可根据工作需要灵活采取送达审计、就地审计、联合审计等工作方式。

第二十五条　内部审计机构对特殊业务进行审计调查时，经批准可以抽调内部专业人才参与项目，也可临时聘请外部专家或委托外部中介机构协助，内部审计机构应确保委托业务质量符合专业要求。

第二十六条　集团内部如发现舞弊线索或嫌疑，内部审计机构应报经集团总裁同意后进行立案调查，如有必要可邀请法律顾问参与，也可对违规者采取适当措施，并同时报告集团总裁，结案后应及时提出补救措施并督促改进。

第二十七条　对存在舞弊行为的员工，内部审计机构应建议集团管理层按相关规定予以相应的内部经济和行政纪律处罚；行为触犯刑律的，移送司法机关依法处理。

第六章　审计依据和审计标准

第二十八条　审计依据（即审计评价标准）：

（一）国家法律法规和政策、行业最佳实务标准；

（二）集团董事会、经营管理办公会等会议形成的决议或决定；

（三）集团内部的政策、制度、计划、预算、程序和标准；

（四）集团董事会或总裁的工作指示和要求。

第二十九条　审计标准（即审计操作标准）包括内部管理标准和现场操作

标准。内部管理标准体现于《审计法务部管理工作规程》，现场操作标准体现于《审计法务工作手册》。

第七章 档案管理

第三十条 审计档案所有权归集团所有。审计档案管理范围如下：

（一）审计业务计划和审计通知书；

（二）审计报告及相关附件；

（三）审计工作方案、工作底稿和审计证据；

（四）总裁对审计报告的批复意见；

（五）被审计单位对审计报告的反馈意见；

（六）被审计单位执行审计建议的有关资料；

（七）与审计有关的其他资料。

第三十一条 审计档案归档要完整、齐全，按审计项目一项一卷。卷内档案目录按索引顺序编写，标明档案页码，整理装订，填写案卷封面。电子底稿按照审计准备阶段、实施阶段、报告阶段、跟踪阶段分类存档，审计工作完成后，审计工作所有电子文件统一汇总于专人保管。

第三十二条 审计档案由内部审计机构指派专人保管，保存期限为十年。公司内外其他任何机构和人员借阅、使用审计档案，须取得内部审计机构负责人审批，审计人员不得将审计档案带离内部审计机构。

第八章 审计质量控制

第三十三条 内部审计机构应当建立质量保证与改进程序，通过督导、分级复核、质量评估等方式对内部审计质量进行控制，以提高审计质量。

第三十四条 质量保证与改进程序必须包括内部评估和外部评估。内部审计机构负责人应定期（每年至少一次）向总裁或董事会报告质量保证与改进程序的结果。

第三十五条 内部评估必须包括：对内部审计活动执行情况的持续监督；定期自我评估或由组织内部其他充分了解内部审计实务的人员进行的评估。

第三十六条 外部评估必须至少每五年开展一次，必须由来自组织外部、合格且独立的评估人员或评估小组负责实施。

第九章　法律责任

第三十七条　对违反本章程，有下列行为之一的单位、责任人及其他相关人员，内部审计机构在职权范围内，根据情节轻重，依据集团的相关规定，提出行政处分和经济处罚建议，报总裁批准后做出决定；情节严重，构成犯罪的，提请司法机关依法处理。具体行为如下：

（一）拒绝提供有关文件、账簿、报表、凭证、资料和证明材料的；

（二）阻碍内部审计人员行使职权，抗拒、破坏审计监督检查的；

（三）谎报经济运行结果，弄虚作假，隐瞒事实真相的；

（四）打击报复审计人员的等。

第三十八条　经内部审计机构及相关部门联合跟踪，发现没有在规定期限内整改到位，且无正当理由的，提报给予通报批评或罚款处分；情节严重的，给予被审计单位负责人和相关负责人警告、撤职直至除名处分。

第三十九条　对违反本章程，有下列行为之一的内部审计人员，内部审计机构在职责范围内，追究其工作责任，并依据集团相关规定，酌情给予行政处分、经济处罚、调离工作岗位甚至除名的处理等。

（一）利用职权谋取私利的。

（二）弄虚作假，徇私舞弊的。

（三）玩忽职守，给被审计单位造成较大经济损失的。

（四）泄露被审计单位商业秘密的。

（五）违反审计人员行为规范的。

（六）被审计单位存在的重大经济问题事后被证明应当发现而未发现的。

第十章　附则

第四十条　本章程未尽事宜，依照国家有关法律法规、集团相关制度等执行。

第四十一条　本章程由集团审计法务部负责起草并解释，经董事会或总裁批准后执行。

2.××集团风险控制管理制度示例

# ×× 集团风险控制管理制度

第一章 总则

第一条 为规范 ×× 控股集团有限公司（以下简称"集团"）的风险管理，建立规范、有效的风险控制体系，提升风险防范能力，保证集团安全、稳健运行，提高经营管理水平，根据《中华人民共和国公司法》《中华人民共和国会计法》《企业内部控制基本规范》等法律法规和规范性文件的有关规定，结合集团的实际情况，特制定本制度。

第二条 本制度旨在为集团实现以下目标提供合理保证：

（一）将风险控制在与总体目标相适应并可承受的范围内；

（二）实现集团内外部信息沟通的真实、可靠；

（三）确保法律法规的遵循；

（四）提高集团经营的效益及效率；

（五）确保集团建立针对各项重大风险的危机处理计划，使集团不因灾害性风险或人为失误而遭受重大损失。

第三条 本制度所称风险管理，是指集团围绕战略及经营目标，通过在管理的各环节和经营过程中执行风险管理的基本流程，建立健全风险管理体系，为实现风险管理的总体目标提供保证的过程和方法。

第四条 集团风险是指未来的不确定性事项可能对集团实现其经营目标的影响。

第五条 按照集团目标的不同对风险进行分类，风险分为战略风险、法律风险、财务风险、运营风险和市场风险。

（一）战略风险：没有制定战略或制定的战略决策不正确，影响战略目标的实现。

（二）法律风险：没有认真执行国家法律法规和政策规定，影响合规性目标的实现。

（三）财务风险：包括财务报告失真风险、资产安全受到威胁风险和舞弊风险。

（1）财务报告失真风险：没有完全按照相关会计准则、会计制度的规定组织会计核算和编制财务会计报告，没有按规定披露相关信息，导致财务会计报告和信息披露不完整、不准确、不及时。

（2）资产安全受到威胁风险：没有建立或实施相关资产管理制度，导致集团的资产，如设备、存货、有价证券和其他资产的使用价值和变现能力降低或消失。

（3）舞弊风险：以故意的行为获得不公平或非正当的收益。

（四）运营风险：经营决策不当、工作效率不高等，妨碍或影响经营目标实现。

（五）市场风险：市场等外界条件变化使集团产生经济损失，包括利率变动等。

第六条　按照风险的影响程度，风险分为低、中、高风险。

第七条　本制度适用于集团总部和各成员单位。

第二章　风险管理组织体系及职责分工

第八条　集团风险管理的组织体系由集团总部和各成员单位职能部门或岗位构成（以下简称"各职能部门"）。

第九条　各职能部门（审计法务部除外）为风险管理第一道防线，审计法务部为风险管理的第二道防线。

第十条　集团各职能部门在风险控制管理方面的主要职责如下。

（一）审计法务部。

（1）负责组织各职能部门风险管理情况的日常检查与评估；代表风险领导小组召开风险管理专题会议，组织并协助相关责任部门处理特定风险事项等。

（2）负责主导对集团经营中风险的识别和评估。

（3）负责处理集团风险防范的日常管理工作。

（二）各职能部门。

（1）按照集团总裁批准的风险体系建设方案，根据业务分工，识别、分析相关业务流程的风险，确定风险应对方案。

（2）根据识别的风险和确定的风险应对方案，按风险管理的要求，修改完善控制设计。具体职责包括：建立控制管理办法，按照规定的方法和工具描述业务流程，编制风险控制文档和程序文件等。

（3）组织控制制度的实施，监督控制制度的实施情况，发现、收集、分析控制缺陷，提出控制缺陷改进意见并予以实施。对于重大缺陷和实质性漏洞，应向集团经营领导班子反馈情况，以便集团监控内部控制体系的运行情况。

（4）配合审计法务部等部门对控制失效造成重大损失或不良影响的事件进行调查、处理。

第十一条　集团经营领导班子负责推动集团风险管理体系的建设，并监督其实施情况。

第十二条　各职能部门负责人为风险控制的第一责任人，负责履行风险控制职能，执行具体的风险管理制度，建立权责明确、相互制衡的岗位职责并针对业务主要风险环节制定业务操作流程。

第三章　风险管理目标和基本流程

第十三条　集团风险管理的总体目标：对于未发生的风险，通过风险确认与识别程序，预先发现风险征兆，提前采取必要的预控措施，以达成规避风险、减少损失的目标；对于已发生的风险，首先通过已有的控制措施予以控制，进而采取补偿措施进行控制，把风险损失降低到最小限度。

第十四条　确立集团风险管理理念和风险接受程度是集团进行风险评估的基础。

（一）集团风险管理理念是集团如何认知整个经营过程（从战略制定和实施到集团日常活动）中的风险为特征的集团共有的信念和态度。集团实行稳健的风险管理理念，对于高风险投资项目采取谨慎介入的态度。

（二）风险接受程度是指集团在追求目标实现过程中愿意接受的风险程度。按风险接受程度可将风险分为三类：高风险、中风险、低风险。

高风险是指影响金额达到集团资产总额 30% 以上或集团主营业务收入 30% 以上的风险；中风险是指影响金额达到集团资产总额 10% 以上不足 30% 或集团主营业务收入 10% 以上不足 30% 的风险；低风险是指影响金额达到集

团资产总额 10% 以下或集团主营业务收入 10% 以下的风险。

集团从定性角度考虑风险接受程度，把风险接受程度确定为低，即集团在经营管理过程中，采取谨慎的风险管理态度，可以接受较低程度的风险发生。集团的风险接受程度选择也与集团的风险管理理念保持一致。

第十五条　集团风险管理基本流程主要包括：

（一）风险识别；

（二）风险评估；

（三）风险管理；

（四）风险管理的监督与改进；

（五）风险监控报告与预警等。

第十六条　风险识别就是识别可能阻碍集团实现目标、阻碍集团创造价值或侵蚀现有价值的因素。集团可以采取问卷调查、小组讨论、专家咨询、情景分析、政策分析、行业标杆比较、访谈法等方法识别风险。

第十七条　风险分析主要从风险发生的可能性和对集团目标的影响程度两个角度，对识别的风险进行分析和排序，确定关注重点和优先控制的风险。

集团进行风险分析，应当充分吸收专业人员，组成风险分析团队，按照严格规范的程序开展工作，以确保风险分析结果的准确性。

风险分析方法一般由定性分析和定量分析方法组合而成。在风险分析不适宜采取定量分析的情况下，或者定量分析所需要的足够可信的数据无法获得，或者数据获取成本很高时，集团通常使用定性分析法。集团对风险进行分析，确认哪些风险应当引起重视、哪些风险予以一般关注，对于需要重视的风险，再进一步划分，分别确认为重要风险与一般风险，从而为风险应对奠定基础。风险的重要程度的判断主要根据风险发生的可能性和影响程度来确定。

第十八条　风险评估是指根据集团内外部环境的变化，对集团所面临的风险进行风险辨识、风险分析、风险应对。

第十九条　集团风险评估主要经过确立风险管理理念和风险接受程度、目标制定、风险识别、风险分析和风险应对等五个基本程序来进行。

第二十条　风险应对。集团应该根据风险分析的结果，结合风险发生的原因以及承受度，权衡风险与收益，选择风险应对方案，如规避风险、减小风险等。

（一）规避风险：指集团对超出风险承受度的风险，通过放弃或停止与该风险相关的业务活动以避免和减轻损失的应对。

（二）减小风险：指集团在权衡成本效益之后，准备采取适当的控制措施降低风险或减轻损失，将风险控制在风险承受度之内的应对等。

第四章　风险管理策略的制定与实施

第二十一条　风险管理策略是指集团根据内外部环境及集团经营领导班子制定的集团发展战略所确定的集团风险管理总体方针。

第二十二条　风险管理策略经集团总裁批准后实施。风险管理责任人负责将集团风险管理策略落实到集团制度和流程管理中。

第二十三条　各风险管理责任人应及时对现有风险管理策略、制度、流程进行修订和调整。

第二十四条　集团在实施风险管理策略的过程中，应建立和不断完善责权体系，集团各职能部门和下属公司必须在集团授权范围内开展工作。在各项规章制度中要明确报告路线和程序，使风险信息能够及时传递到相关部门和集团领导。

第五章　风险监控和预警

第二十五条　集团应通过有效的沟通和反馈，使集团领导和有关部门及时了解集团业务和资产的风险状况，以及相应调整风险管理政策和管理措施。

第二十六条　集团经营领导班子应对集团的经营计划、战略方案的实施进行实时监控，对各类信息进行记录、汇总、分析和处理，并保留风险管理记录。各职能部门应向审计法务部报送本部门业务风险情况。

第二十七条　各职能部门每年应对业务范围内的集团风险的控制水平进行一次书面分析和评估，审计法务部负责汇总风险评估报告，经经营领导班子审核后上报集团总裁。

第二十八条　集团相关部门应建立风险预警系统，以发现并应对可能出现的风险。

（一）建立财务预警系统。集团及各子公司的财务部门应通过设置一些敏感性财务指标并观察其变化，对可能或将要面临的财务危机进行预测预报。

（二）建立经营管理预警系统。集团及各分支机构的经营管理人员，应根据各个业务环节特有的性质来设计不同的风险控制机制，以彻底掌握风险的来源和可能的影响。

（三）建立全面的风险信息报告系统。各职能部门有责任及时、无保留地向审计法务部报告有关风险的真实信息。

第六章　风险监控及奖惩

第二十九条　当风险或危机出现时，处理程序详见《××集团危机处理办法》。

第三十条　各职能部门应定期对风险管理工作进行自查和检验，及时发现缺陷并改进，其检查报告报送集团审计法务部备案。

第三十一条　审计法务部定期或不定期对各职能部门能否按照有关规定开展风险管理工作及其工作效果进行监督评价，并将评估结果纳入风险管理责任人当期或年度绩效考核。

第三十二条　各风险管理责任人应尽职尽责完成风险管理任务，有以下行为之一的，按《××控股集团问责试行办法》规定给予告诫、通报批评、降职、撤职、辞退、开除等行政处分及年终绩效（5～20分）扣分处罚。具体行为如下。

（一）拒绝建立风险管理机制，所负责管理的关键风险点给集团带来严重影响或损失的。

（二）已建立风险管理机制，但未落实到位，所负责管理的关键风险点给集团带来严重影响或损失的。

第三十三条　对当期风险管理做出突出贡献的风险管理责任人，给予当年年终绩效考核加分（5～20分）奖励。

（一）全面完成当期风险管理任务，成绩卓越，超预期达成集团风控体系建设目标的，给予20分绩效考核加分奖励。

（二）完成当期风险管理任务，成绩突出，达到集团风控体系建设目标的，给予 5 ~ 10 分绩效考核加分奖励。

第三十四条　年度终了，由风险管理责任人提报风险管理突出业绩表现，经审计法务部评估确认并提出绩效考核加分建议，提报集团总裁协管助理审核，经总裁核准后生效。

第七章　附则

第三十五条　本制度由集团审计法务部负责解释。

第三十六条　本制度自集团总裁批准之日起执行。

3.××集团内部经济责任审计管理办法示例

## ××集团内部经济责任审计管理办法

第一章　总则

为加强对××控股集团有限公司（以下简称"集团"）各经营主体单位主要负责人任职期间的监督管理，客观评价、界定其主要负责人在经营管理方面的责任，增强审计效果、促进审计整改和审计成果的应用，根据国家有关法律法规及集团相关制度，结合实际，特制定本办法。

第二章　执行独立审计的原则

第一条　集团审计机构组织对经营管理主要负责人实施内部经济责任审计时，应以集团人事部门的委托为依据，坚持独立审计、客观公正、实事求是、廉洁奉公和保守秘密的原则，依法独立行使审计监督权，不受其他部门或个人的干涉。

第二条　审计人员在进行经济责任审计时，应当按照内部审计准则的规定，运用各种审计方法，并根据审计工作的需要，合理使用抽样技术和计算机辅助审计技术，以实现审计目标。

第三条　审计人员与被审计人有利害关系的，需回避。

第三章　适用范围和原则

第一条　本办法适用于集团全资、控股子公司及相应独立经营主体。

第二条　本办法所称经济责任，是指经营管理主要负责人在任职期间因其所任职务，依法对所在公司或部门的财务收支及有关经济活动应当履行的职务、义务。

第三条　企业内部经济责任审计包括离任经济责任审计、任中经济责任审计和专项经济责任审计。其中：

（一）离任经济责任审计，指集团内部各经营主体单位主要负责人任期届满，或者任期内办理调任、免职、辞职、退休等事项前进行的经济责任审计；

（二）任中经济责任审计，指集团内部各经营主体单位主要负责人任职期间进行的经济责任审计，包括在任期内的审计、任期届满连任时的审计，以及任职时间较长集团根据规定和需要安排的审计；

（三）专项经济责任审计，指集团内部各经营主体单位主要负责人存在违反廉洁从业规定和其他违法违纪行为，或者其所任职单位发生债务危机、长期经营亏损、资产质量较差等重大财务异常状况，以及发生合并分立、破产关闭、重组改制等重大经济事项时进行的经济责任审计。

第四章　审计权限

第一条　审计组在实施集团内部经营管理主要负责人经济责任审计过程中，有权依照《中华人民共和国审计法》和《××集团内部审计管理规定》及本办法等有关规定行使职权。

第二条　对干预、阻扰审计组和审计人员进行审计的行为，应当依法依规进行处理、处罚。必要时，审计组可以建议集团对有关人员采取必要措施，以保证审计工作的正常开展。

第五章　审计内容

（一）企业发展战略规划的制定、执行和效果。

（二）重大经济事项的决策、执行和效果。

（三）企业法人治理结构的建立、健全和运行情况，内部控制制度的制定和执行情况。

（四）企业财务的真实合法效益情况、风险管控情况。

（五）任职期间廉洁自律及守法经营、遵守集团制度等规定的情况。

（六）以往审计发现问题的整改情况。

（七）其他需要审计的事项。

第六章　审计配合

第一条　经营管理主要负责人履行经济责任情况，应当依规依法接受审计监督。审计通知书送达后，经营管理主要负责人所在单位应认真做好接审准备，积极配合审计组开展工作，并按审计组的要求，及时、如实、完整地提供相关资料。对于经营管理主要负责人提供的资料不符合审计要求的，审计组报集团总裁后有权拒绝开展工作。

第二条　内部经济责任审计期间，经营管理主要负责人所在单位单位需派人员协助审计组开展工作，并提供相应条件。

第三条　经营管理主要负责人所在单位及有关人员应对所提供的资料的真实性、完整性做出承诺，并于接到通知后3个工作日内将全部资料准备完毕。

第四条　经营管理主要负责人应全面配合审计组的审计工作，接到通知后3个工作日内向审计组提交任职期间的书面述职报告。述职报告主要内容包括：（1）任职期限、职责范围和分管工作；（2）任期内各项目标任务及其完成情况，重要规章制度及内部控制的制定、完善和执行情况，任职前和任期内重大经济遗留问题及其处理情况等；（3）任期内企业资产、负债、损益情况，重大经济决策事项、决策过程及其执行效果；（4）任期内存在的主要问题；（5）任期内个人遵守廉洁从业规定的情况；（6）其他需要说明的情况等。

第七章　被审计单位需提供资料

（一）经营管理负责人任期内财务收支的相关资料。

（二）工作计划、工作总结、会议记录、会议纪要、合同、考核指标下达及其检查结果、内部控制制度和业务档案等资料。

（三）以往审计发现问题整改情况资料。

（四）经营管理主要负责人的任命文件及任职期限。

（五）集团及总裁、中介机构等对经营主体单位专项工作指导检查问题的落实及整改情况资料。

（六）审计组认为需要的其他资料。

第八章　审计程序

第一条　审计机构根据有关法律法规和集团内部规章制度，接受集团人事部门的委托进行审计立项，并做出审计计划安排，但集团人事部门应当提前函告审计机构；特殊情况，由集团总裁临时下达工作指令。

第二条　审计机构在接到函告后根据审计计划和经济责任审计事项成立审计组，拟定审计通知书，按规定流程报批后组织实施。其中，离任经济责任审计工作具有突发性，因此审计机构在接到任务后，应及时安排，优先开展离任经济责任审计工作。

第三条　审计组提前 3 日下发审计通知书；在实施审计后，就经济责任审计报告征求意见稿向经营管理主要负责人和所在单位征求意见，并取得书面回函。其中，离任经济责任审计报告应分别由离任、接任经营管理主要负责人在审计报告上签署意见。自接到审计报告 3 日内未提出书面意见的，视同无异议；提出异议的，审计组应及时进行复审。

第四条　经济责任审计报告应当事实清楚、评价客观、责任明确、用词恰当、文字精练、通俗易懂；在审计评价时，应当要做到三个区分：一是区分主观故意违纪违规还是过失犯错；二是要区分是政策制度、法规不完善还是故意违规；三是要区分是改革探索中出现的失误还是以权谋私。

第五条　审计机构出具审计报告，并附经营管理主要负责人反馈的意见，报总裁审批后下发，同时抄送集团人事部门。

第六条　审计机构应对审计发现问题的整改情况进行跟踪监督，并根据实际情况确定是否实施后续审计。

第七条　审计结束后，审计人员应当整理相关资料，并建立、保管审计档案。

第九章　审计结果运用

第一条　集团应当建立健全经济责任审计情况通报、责任追究、整改落实、结果公告等结果运用制度，将经济责任审计结果及整改情况作为考核、任免、奖惩被审计经营管理主要负责人的重要参考。

第二条　对于经营责任完成情况良好、业绩突出的经营管理主要负责人，可以在审计意见书中向集团总裁提出奖励建议。其具有共性的好的思想、制度、经验、方法可以整理后在集团内推广。

第三条　对审计发现的典型性、普遍性、倾向性问题和提出的审计建议及时进行研究，并将其作为采取有关措施、完善有关制度规定的重要参考。

第四条　对于在审计中发现的有关问题，按以下原则处理。

（一）经营管理主要负责人违反国家法律、法规及集团、本公司的相关规定的，根据集团相关规定处理。对触犯刑律的，移交司法机关处理。

（二）对经营管理主要负责人应承担的经营责任，由审计机构提出意见，根据集团相关规定处理。

（三）经营管理主要负责人对上级主管或单位做出的处理决定必须认真执行，并将执行情况在规定的时间内以书面形式做出反馈。如对处理决定有异议，应自收到处理决定之日起7个工作日内向集团总裁申请复议，并由集团总裁做出裁决。复议期间，原处理决定照常执行。

第十章　附则

（一）本办法由集团审计法务部负责解释。

（二）本办法自集团总裁签批之日起执行。

集团内部经济责任审计流程见下图。

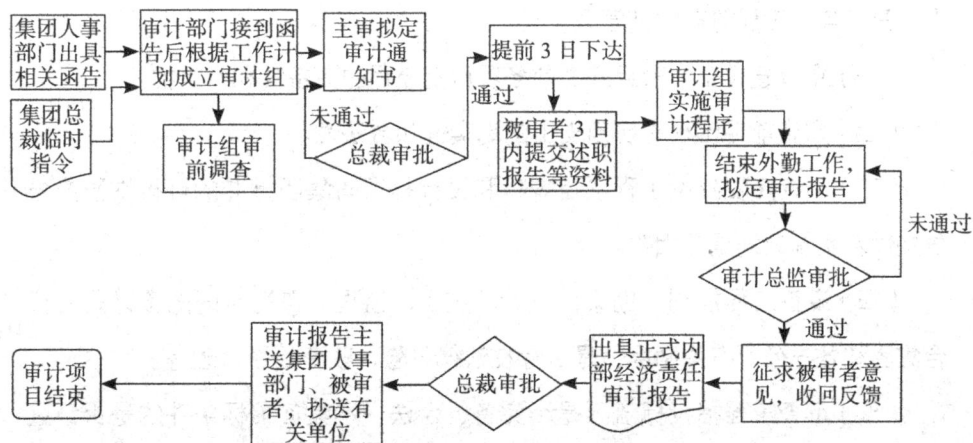

**集团内部经济责任审计流程**

4.××集团工程项目审计管理实施办法示例

## ××集团工程项目审计管理实施办法

第一条 总则。

（一）目的：为做好集团及各子公司工程项目过程管控和审计监督工作，合理确定工程造价，进一步保障工程质量，提高投资效益，实现工程审计工作的规范化、制度化，结合集团实际情况，特制定本办法。

（二）适用范围：集团各部门、各子公司。

第二条 审计机构、范围及职责。

（一）审计法务部依据国家有关基本建设管理法规、地方相关工程管理制度及《集团内部审计制度》，在总裁的领导下，独立行使工程项目审计监督职能。

（二）经总裁批准，审计法务部有权对集团所有工程项目实施全过程审计监督。

（三）工程审计职责如下：

（1）负责制订年度工程项目审计计划；

（2）负责工程项目审计的实施，并及时完成审计工作；

（3）负责提供工程审计结果。

第三条 工程前期审计管理。

（一）审查建设工程项目开工前各项审批流程的完备性和合法性。

（二）审查前期工程等费用支出的真实性和合法性。

（三）审查开发建设工程项目规模和设计标准与集团批准的可行性研究报告文件及实施计划是否相符。

（四）审查工程规划、勘察、设计、施工、监理、咨询合同的签订是否符合集团和各子公司有关制度，是否存在法律风险，收费是否合理等。

（五）审查工程招投标流程是否完备、合法，不具备招标条件的是否经过审批，费用是否合理、真实。

第四条 工程招投标审计管理。

（一）招投标审计方式和程序。

（1）集团及各子公司的招标价值目标成本工程类在300万元及以上、设备及采购类在100万元及以上、服务项目类在50万元及以上的重要招标，招投标组织部门须在实施招投标10日前以书面或邮件等形式报备审计法务部（报备内容包括但不限于：时间、地点、招标方式、标的物、招标小组成员等）。

（2）审计法务部可随时参与由集团及各子公司组织的招投标等活动，审计人员不加入招评标小组，只对招标过程进行监督。

（3）无论审计人员是否参加，最终招标文件、招投标过程资料、开标记录、评标报告等资料由招投标组织部门以扫描件或其他形式报审计法务部备案。

（二）招投标审计内容。

（1）审查招标范围、招标方式等是否符合集团和各子公司有关制度。

（2）审查招标方式的合理性。

（3）审查投标人是否达到国家有关规定及招标文件对投标人的资格条件要求；是否具有独立订立合同的法人权利；是否具有履行合同的能力，包括专业、技术资格和能力，资金、设备和其他物质设施状况，管理能力，经验、信誉和相应的从业人员等。

（4）审查招标文件中的招标范围、投标报价要求、评标标准和方法、进度款付款方式、计价依据、结算方式、合同主要条款、技术条款、竣工验收后保修工作的措施和承诺，以及违约责任等内容。

（5）审查编制标底依据的招标文件、设计图纸及有关资料是否合法有效；审查招标标价是否超过批准的目标成本；审查相关人员对标底编制过程和标底是否保密，是否向他人透露已获取招标文件的潜在投标人的名称、数量及可能影响公开竞争的有关招投标的其他情况，必要时可对标书的工程量清单进行复核。

（6）审查开标过程是否符合规定，是否有人监督，是否有围标、串标、虚假招投标等现象。

（7）审查评标过程是否符合集团和各子公司相关制度和规定，招标程序是否符合规定等。

（8）审查中标单位是否在投标单位名录内，中标单位是否按照招标文件的规定编制投标文件，中标单位是否对招标文件提出的实质性要求和条件做出明确回应，投标文件内容是否齐全、规范，投标报价是否合理。

第五条　工程合同审计管理。

（一）合同签订审计。

（1）审查合同签订的会签单，审查合同修订或补充条款或协议是否会签或经有效授权，是否按权责经过审批。

（2）审查合同对方资质是否符合工程项目的相关要求，是否附有法定代表人身份证明书或法定代表人授权委托书。

（3）审查是否及时签订书面合同，是否有补充合同、补充重要条款，是否对原合同条款进行了实质性的更改。

（4）工程合同签订后，合同承办部门应将工程类在300万元及以上、设备及采购类在100万元及以上、服务项目类在50万元及以上的合同及审批资料报送审计法务部备案。

（二）合同内容审计。

审查合同条款与招标文件、招标答疑、中标通知书、中标人的投标文件是否一致；合同中增加或减少的条款是否符合集团的利益；作为招标主要依据的工程量清单是否经过审核；合同的基本内容是否完整、规范，是否符合国家有关的经济法规，是否会产生法律风险；合同条款是否明确了双方的有关权利与义务，是否明确了合同履约时间，是否明确了质量与检验条款，是否明确了安全措施，是否明确了合同价款与支付条款，是否明确了材料设备供应条款，是否明确了工程变更条款，是否明确了竣工验收与结算条款，是否明确了违约、索赔和争议处理条款，是否明确了工程分包、不可抗力、保险、专利技术与工艺、文物和地下障碍物、合同解除、合同生效与终止、合同份数、履约担保、补充条款等。

（三）合同履约过程审计。

（1）审查预算调整是否符合工程造价相关规定，是否经过审批，设计变更的内容是否符合规定，手续是否齐全。

（2）审查施工过程中工程变更、现场签证、工程索赔手续是否齐全、合规，内容是否明确、合理，变更联系单管理台账是否完整等。

（3）审查工程款（包括预付款、进度款、结算款、质保金）支付是否按合同履行。

（4）审查工程项目设备和材料等物资是否按设计、合同及进度要求采购，有无盲目采购等行为。

（5）审查工程进度是否与工程进度计划表一致，现场与合同结算内容是否存在差异，质量有无明显问题，安全文明施工管理情况、工程资料管理及存档情况，总承包、分包、监理单位等相关人员的管理协调及到位情况。审查中标人有无与合同不一致的分包、转包现象。

（6）在工程现场全面审查是否有导致管理成本、进度成本、质量成本增加的因素。

第六条 工程变更审计管理。

（一）审查工程变更签证的合理性、必要性。确定工程变更是否合理，重点审查无效变更成本。

（二）审查工程变更签证内容的完整性。审查甲方及监理单位是否审核审批；审查变更原因、变更工程量、变更时间及相关单位签署意见与实际情况是否相符；审查工程变更内容是否出现重复现象。

（三）审查工程变更签证的真实性。审查工程变更是否真实发生，变更工程量计算是否真实准确，施工方是否完全按变更的要求施工。

（四）审查工程变更签证的全面性。重点审查工程变更记录是否全面，有无只计能使工程造价增加的变更而不计导致工程造价减少的变更情况。

（五）工程变更造价预估增加金额在 10 万元以上的，由集团成本管理部报审计法务部备案，审计法务部可随时对备案变更签证单进行抽查。

第七条 工程预、结算审计管理。

（一）工程预算（标底）审计。

（1）各工程项目标底清单或工程预算招标完成确认后，交审计法务部备案。

（2）审查预算是否与工程实际情况和图纸设计深度相符。

（3）审查数据汇总、引用是否有误，预算（标底）的编制口径是否统一。

（4）审查取费标准是否与规范或合同规定相符，取费基数及计算是否正确，计算程序是否符合规定。

（5）审查工程量计算是否准确，有无重算、漏算、错算等问题。

（6）审查套用定额是否合理，单价换算是否正确。

（7）审查设备、材料用量是否与定额含量或设计含量一致。

（8）审查设备、材料价格的计算是否与国家公布价格及实际市场价格相符。

（9）审查设计单位的选择是否符合相关制度规定，是否存在重大设计错漏导致无法施工的情况。

（10）审查工程预算（标底）是否真实完整、与设计文件一致，是否有多项、漏项。

（二）工程结算审计。

（1）对集团所属已验收合格的工程项目金额在300万元（精装修工程为100万元）及以上的工程结算进行审计。

① 由集团成本管理部主导招标确定一审咨询单位的工程项目结算，审计法务部需再次进行审核，出具结算报告后项目公司以此作为结算依据。

② 由集团所属项目公司主导招标确定一审咨询单位的工程项目结算，由集团成本管理部负责再次进行审核，出具结算报告。审计法务部复核该报告并出具审计意见后，项目公司以此作为结算依据。

③ 集团成本管理部、财务管理部应督促项目公司将审计建议落实到位，并将落实情况反馈给审计法务部。

（2）工程竣工决算审计内容如下。

① 审核工程是否验收，验收是否符合合同约定的标准。

② 审核结算是否按合同及补充合同等规定进行。

③ 审核取费标准是否与规范或合同规定相符，取费基数及计算是否正确，计算程序是否符合规定。

④ 审核工程量计算是否准确，有无重算、漏算、错算等问题。

⑤ 审核套用定额是否合理，单价换算是否正确。

⑥ 审核设备、材料用量是否与定额含量或设计含量一致、是否与合同约定一致。

⑦ 审核价格文件是否真实有效，认定价格是否与国家公布价格及实际市场价格相符。

⑧ 审核工程结算的内容是否真实、完整，是否与设计文件一致，是否有多项、漏项、未完成项。

⑨ 审核工程现场设备、材料是否与结算内容一致，质量或运转情况是否正常。

⑩ 审核设计变更单、现场签证单等内容是否合理、完整，是否按规定进行了签批，手续是否完备，有无重签等问题，是否存在实际施工用料偏离结算的工程项目。

（3）集团所属各工程项目如委托咨询机构进行结算审核，则所签合同须增加"经审计法务部审计最终核减额高于送审值的3%及以上时，此次审计费将下浮30%及以上（各公司可视具体情况而定，但审计费下浮应不低于30%）"等约束条款。

第八条 工程现场管理审计。

（一）项目工程必须按国家有关规定进行管理和验收。审计法务部可参与重要的隐蔽工程验收、中间验收及竣工验收，集团项目管理部在工程验收前应及时通知审计法务部，审计法务部可视情况随时参与现场工程质量验收审计。

（二）审计法务部可随时对工程现场的施工管理情况进行现场审查。

第九条 附则。

（一）本制度由审计法务部负责起草和解释，经总裁批准后自20××年××月××日起实施，原制度同日作废。

（二）本制度修改及废止由集团另行颁布。

5.××集团审计结果整改落实管理办法示例

# ××集团审计结果整改落实管理办法（试行）

第一章 总则

第一条 为规范审计整改落实活动，提升审计效果，根据《第1101号——内部审计基本准则》《集团内部审计章程》，结合集团实际情况，特制定本办法。

第二条 本办法适用于××集团及所属各单位。

第二章 审计整改程序

第三条 下达审计整改指令。对审计发现的重要问题，审计法务部在总裁签发审计报告后3个工作日内，由该项目主审将审计报告及审计整改意见表发给被审计单位。若涉及多部门之间的问题，则应深入调查研究、认真分析原因，由集团领导牵头，审计、财务、人事、运营等相关部门共同组成一个审计整改工作组，针对审计发现问题明确职责、分工协作，合力促使审计整改落到实处。如有必要，可召开审计整改联席会，联席会以纪要形式明确拟定事项，部署整改任务，落实整改责任人，由总裁签发后下达有关方面执行。

第四条 制定审计整改落实方案。审计建议分为整改项（强制性）和建议项（非强制性）。

（一）整改项。

审计建议中的整改项应强制要求被审计单位进行整改落实，强化责任，明确被审计单位的主要负责人为审计整改第一责任人。被审计单位应在收到总裁签批的审计报告后5个工作日内制定审计整改落实方案，相关部门或相关人员应将确定的方案填写至审计整改意见表，该表经主要负责人签字确认后，应报送审计法务部。

若被审计单位对审计发现的问题不采取整改措施，需将其原因报集团主要领导审核。

（二）建议项。

审计建议中的建议项，被审计单位主要负责人可根据实际情况决定是否需要采取整改措施，不具有强制性。

第五条　被审计单位应定期上报审计整改报告。被审计单位必须按照审计整改落实方案中预计整改完成的时间节点，每遇到一个预计整改完成时间节点后五日内，将持续整改的情况上报审计法务部，直至整改完毕。

对已成事实、无法纠正的问题，被审计单位要通过以下措施加以防范，确保问题以后不再发生。

（一）完善相关制度。

（二）加强依法合规教育和业务技能培训，提高员工业务素质水平。

（三）根据集团违规违纪处理规定和问责办法，对责任人进行依规处理。

（四）其他。

第三章　后续跟踪、监督

第六条　被审计单位应对审计中发现的问题采取纠正措施，内部审计人员应评价纠正措施的实施是否及时、合理、有效。审计法务部是整改工作的监督评价部门，负责指导、监督和检查整改工作。

第七条　审计法务部应根据被审计单位报送的审计整改落实方案进行后续跟踪，对于整改不规范、不到位、不完善的问题，审计法务部要提出意见，并督促被审计单位进行整改。每逾期一次，对整改责任人罚款 500 元，并要求其重新提报预计整改完成时间，直至整改完毕。如遇特殊情况，被审计单位需提前 5 个工作日向审计法务部提出书面延期申请，但同一事情申请延期通常不能超过 2 次。

第八条　审计法务部根据需要，经集团同意，可以有重点地开展后续审计，确保审计问题整改到位。

第九条　审计法务部定期或不定期向总裁汇报审计整改情况，每半年一次以情况通报或简报等形式将审计整改情况在集团内发布。

第四章　附则

第十条　本办法由集团审计法务部负责解释。

第十一条　本办法自下发之日起执行。

附件 1：审计整改流程见下图。

| 内部审计机构 | 被审计单位 | 责任人 | 备注 |
|---|---|---|---|
| 下达审计整改指令（3个工作日内） | | 主审 | 1. 对审计发现的重要问题，由主审将审计报告和审计整改意见表一并发给被审计单位 |
| | 制定整改落实方案（5个工作日内） | 被审计单位主要负责人 | 2. 若涉及多部门之间的问题，则应深入调查研究、认真分析原因，由集团领导牵头，审计、财务、人事、运营等相关部门共同组成一个审计整改工作组，针对审计发现问题明确职责、分工协作，合力促使审计整改落到实处。如有必要，可召开审计整改联席会，联席会以纪要形式明确拟定事项，部署整改任务，落实整改责任人，由总裁签发后下达有关方面执行 |
| | 上报审计整改报告 | 被审计单位主要负责人 | |
| 跟踪检查或后续审计 | | 被审计单位各主管部门或相关职能部门；主审 | |
| 通报或公告审计整改结果 | | 主审 | |

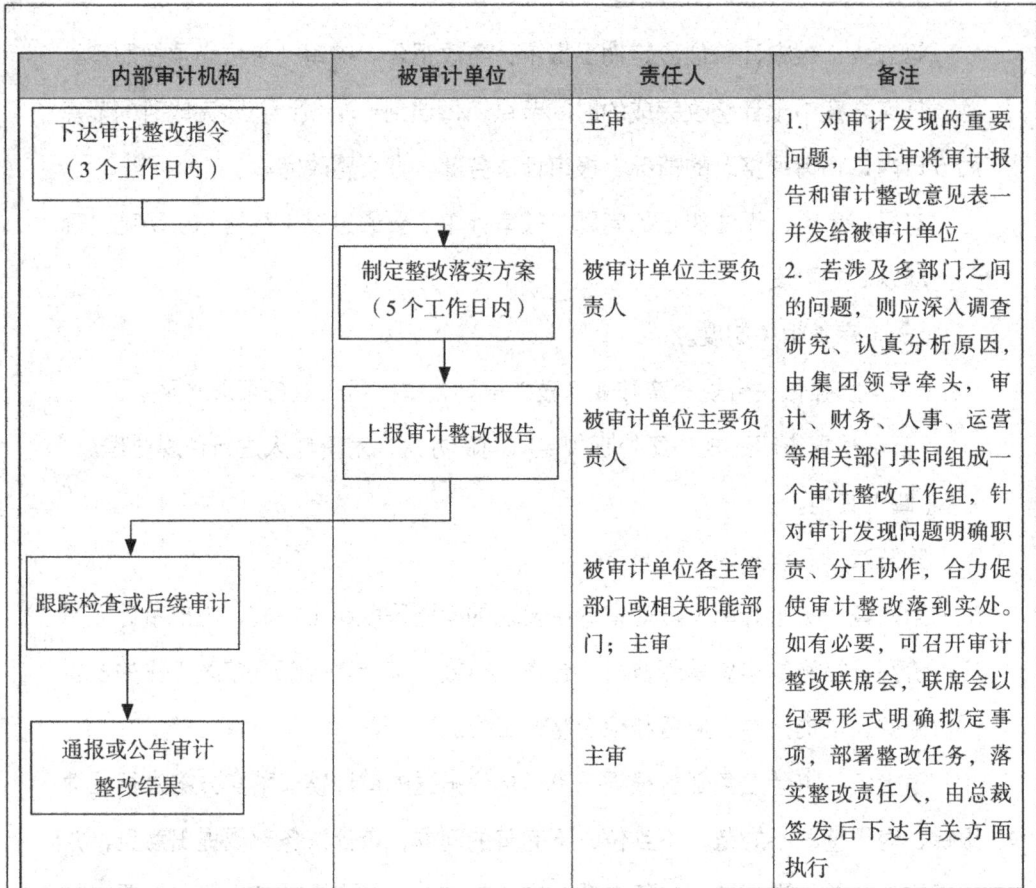

**审计整改流程**

附件2：审计整改意见表见下表。

**审计整改意见表**

| 序号 | 有待改进方面 | 审计建议 | 整改反馈意见 | | |
|---|---|---|---|---|---|
| | | | 整改具体措施或标准 | 责任人 | 预计整改完成时间 |
| 1 | | | | | |
| 2 | | | | | |
| 3 | | | | | |
| 4 | | | | | |
| 5 | | | | | |

制表人：　　　　　　　　　　　　　　　单位负责人：

日期：　　　　　　　　　　　　　　　　日期：

6.××集团提升审计项目工作质量管理方案示例

# ××集团提升审计项目工作质量管理方案

提升内部审计项目的质量、监督与服务水平，是新形势下对内部审计工作的新要求。审计法务部在集团内部开展内部审计项目质量提升活动，为推进活动顺利开展，取得实效，特制定本方案。

## 一、总体目标

通过全面开展内部审计项目质量提升活动，进一步提升集团内部审计基础工作水平和审计项目质量，充分调动内部审计人员的工作积极性，有效发挥内部审计保驾护航的作用，帮助集团实现增值和改善运营的目的。

## 二、主要措施

（一）加强审计项目质量全过程控制

内部审计质量控制见下表。

内部审计质量控制

| 阶段 | 类别 | 序号 | 关键控制点 | 备注 |
|------|------|------|-----------|------|
| 审计计划阶段 | 审前调查 | 1 | 了解被审计单位的基本状况：内部组织架构设置、业务经营范围、财务收支状况、银行账户、会计报表、执行的会计制度及相关内部控制制度设置及其执行情况，行业发展现状等 | |
| | | 2 | 执行分析性复核程序，对相关数据进行分析，明确潜在的关键控制点，对被审计事项的重要性和风险做出合理评估，初步确定审计的重点领域 | |
| | 审计实施方案 | 3 | 明确审计目标、审计范围、审计重点、审计方法、审计人员的分工、审计任务完成时间 | |
| | | 4 | 方案重点突出，内容要周全、详细；组织分工要明确、合理 | |
| | 审计发现 | 5 | 需要有标准，引用依据要精准，如国家法律法规及集团相关制度、流程等 | |
| | | 6 | 事实描述应客观、可靠，能量化的量化，不能量化的细化。慎用定性描述 | |
| | | 7 | 分析差异产生的原因。追溯差异产生的原因，从而找出问题症结，为采取措施做好准备 | |
| | | 8 | 对公司的影响或带来的风险，涉及经济、声誉形象等方面，能量化的量化 | |

（续表）

| 阶段 | 类别 | 序号 | 关键控制点 | 备注 |
|---|---|---|---|---|
| 审计实施阶段 | 审计工作底稿 | 9 | 一事一稿，客观公正，内容全面充分、完整真实、重点突出、观点正确，记载的事实应当附有可靠、充分的证明材料。审计工作底稿内容应与当事人充分沟通无异议 | |
| | | 10 | 采用三级复核制。审计人员之间相互复核、审计组组长复核、审计总监复核后由主审交与被审计单位相关领导签字确认 | |
| | | 11 | 每一份审计工作底稿记载的事项要求被审计单位财务和主管领导签字确认 | |
| 审计报告阶段 | 审计报告基本要求 | 12 | 条理要清晰并富有逻辑性 | |
| | | 13 | 表达简明扼要、通俗易懂、重点突出 | |
| | | 14 | 全面反映所有发现的重大问题 | |
| | | 15 | 归类要合理、分析详尽并提炼出小标题 | |
| | | 16 | 引用依据要精准 | |
| | | 17 | 事实描述及评价要实事求是、不偏不倚 | |
| | 审计报告程序 | 18 | 是否已征求过被审计单位的意见 | |
| | | 19 | 被审计单位是否已回复 | |
| | | 20 | 是否将意见反馈给集团管理层 | |
| | 审计报告格式 | 21 | 根据需要选择 PPT、Word、Excel 等格式 | |
| | | 22 | 字体与字号的使用应符合《审计法务工作手册》相关要求；标点符号使用要正确 | |
| | 审计建议 | 23 | 审计建议要有针对性、建设性和可操作性，避免说大话、空话 | |
| | | 24 | 审计建议应符合成本效益原则 | |
| | 审计报告三级复核制 | 25 | 严格履行审计报告三级复核制 | |
| 审计整改与跟踪阶段 | 审计整改和跟踪 | 26 | 主审督促被审计单位限期提报落实整改方案，明确整改措施、时间和责任人 | |
| | | 27 | 主审根据整改方案的落实情况进行后续审计和跟踪，并将结果定期或不定期报告审计总监和总裁 | |

（二）建立健全内部审计质量控制制度

（1）落实审计人员综合考评制度。

进一步完善并实施内部审计人员考核办法，将考核结果纳入员工季度目标考核指标体系，加大对每一位审计人员的业务绩效考核力度。确立"业务立身、质量至上"的考核激励导向，通过对完成审计任务绩效量化评价的考核，最大限度地调动审计人员努力完成年度各项目标任务的积极性，使提高审计质量的相关措施和要求从"要我抓"变成"我要抓"。参与对象为全体审计人员。

时间要求如下。

①完善内部审计人员考核表：20××年××月××日前。

②制度开始实施时间：20××年××月××日。

内部审计人员考核表见下表。

**内部审计人员考核表**

| 项目 | 考核内容 | 标准分数 | 评分 | 计分方法 |
|---|---|---|---|---|
| 基本考核项 | 编制项目审计方案，方案中有明确的审计目标，并围绕审计目标确定审计重点 | 10 | | 审计方案中审计目标不明确的扣2分；审计重点每缺失一项扣1分，扣完为止 |
| | 对获取的审计证据进行必要的分类、筛选和汇总，保证审计证据的相关性 | 5 | | 审计证据与审计结论无实质性联系的，或者未对审计证据进行必要分类、筛选、汇总影响结论形成的，每项扣1分，扣完为止 |
| | 获取的审计证据充分，足够支持审计结论 | 5 | | 审计证据不足以支持审计结论的，每项扣1分，扣完为止 |
| | 审计工作底稿编制规范，内容完整，记录清晰并经过复核 | 10 | | 审计工作底稿内容不完整的，每缺少一项扣0.5分，扣完为止；未经复核的，扣1分 |
| | 审计工作底稿中形成了初步的审计结论、意见和建议 | 5 | | 审计工作底稿中未形成初步审计结论的，每项扣0.5分；未针对问题提出初步审计意见、建议的，每项扣0.5分，扣完为止 |
| | 审计评价客观、恰当 | 10 | | 审计评价不当的，扣1分；审计评价与审计事实矛盾的，扣1分 |

（续表）

| 项目 | 考核内容 | 标准分数 | 评分 | 计分方法 |
|------|----------|----------|------|----------|
| 基本考核项 | 审计报告无瑕疵，事实清楚，全面反映所有发现的重大问题 | 5 | | 1. 正式对外报送的审计报告，如发现一处错别字，扣罚主审 50 元，扣罚审计总监 50 元；依此类推<br>2. 审计报告事实不清、数据不准、适用法律法规或标准不当，审计定性或责任界定不准，审计处理处罚不当的，每项扣 1 分；审计查出的重要问题未在审计报告中反映且未能提供审计会议说明的，每项扣 1 分，扣完为止 |
| | 审计报告对于审计发现的问题提出具有针对性、建设性和可操作性的改进意见、建议 | 8 | | 对审计发现的问题未提出改进意见、建议的，每少一项扣 1 分；改进意见、建议明显缺乏针对性或不可行的每项扣 1 分，扣完为止 |
| | 审计档案分类清晰、资料齐全、立卷规范 | 5 | | 资料不齐全的，扣 1 分；分类不清晰的，扣 1 分；档案目录、排列顺序不规范的，扣 1 分 |
| | 后续审计跟进率 | 7 | | 后续审计要求 100% 跟进，跟进率 = 实际跟进工作 / 需要跟进工作。跟进率小于 80%，扣 1 分 |
| | 审计项目质量 | 10 | | 要求必须 100% 保证审计质量，每出现一次失误或遗漏事项扣 1 分，每出现一次重大失误扣 2 分，扣完为止 |
| | 基本考核项 | 80 | | — |
| 考核加分项 | 发现重大管理漏洞：如缺乏内部控制制度，内部流程有缺陷，或有制度、流程未严格执行导致或可能导致严重不良后果 | 10 | | 每项加 2 分，同类问题不重复加分，最高不超过 10 分 |
| | 揭露重大舞弊行为，发现重大损失浪费 | 10 | | 每项加 2 分，同类问题不重复加分，最高不超过 10 分 |
| | 审计创新 | 5 | | 有则得分，无则不得分。根据审计创新的效果和适用性适当加分（1 ~ 5 分） |
| | 部门内部审计专业培训 | 5 | | 根据授课表现和效果适当加分（1 ~ 5 分） |
| | 考核加分项 | 30 | | — |
| 考评总分 | — | 110 | | — |

（2）建立项目总结复盘机制。简要阐述审计工作中发现的重大疑难问题和采取的相应措施，指明今后类似审计工作中应注意的事项。

方式：部门内部对上一审计项目进行总结复盘。

组织者：审计总监。

参与人员：审计组全体成员。

时间：每一个审计项目结束一周内。

作用：通过项目总结复盘，可以使新加入的成员尽快了解内部审计工作的开展流程、熟悉集团开展的相关业务；结合项目总结复盘结果，在今后开展的审计项目中有意识地优化审计方式和方法，从而不断提高审计质量。

具体操作流程：由审计总监牵头，对审计项目整体情况从制订审计计划、现场实施、报告撰写等环节涉及的审计方法、审计思路、审计重点、审计资源分配和安排、审计沟通等展开讨论。这样既可以与审计组其他成员分享好的经验，也可以通过分析、总结项目中存在的不足，包括项目过程中存在的疑问等，让部门领导、审计组其他成员给出改善不足的建议。

三、审计信息管理

审计信息管理是内部审计基础管理工作中非常重要的一项内容，包括审计台账管理、定期发布审计简报、审计工作总结等。未实现审计信息化的内部审计机构，可采用 Excel 表格登记审计台账、审计整改台账等。审计台账见下表。

**审计台账**

| 序号 | 日期 | 项目 | 审计组成员 | 成果 | 呈报日期 | 批示日期 | 是否召开审计整改联席会 |
|---|---|---|---|---|---|---|---|
|  |  |  |  |  |  |  |  |
|  |  |  |  |  |  |  |  |
|  |  |  |  |  |  |  |  |

审计整改台账见下表。

**审计整改台账**

| ×× 审计项目20×× 年整改项目明细 | | | | | | | |
|---|---|---|---|---|---|---|---|
| 编号 | 板块 | 项目 | 组长 | 应整改条数 | 已整改条数 | 整改率 | 未整改情况说明 |
| | | | | | | | |
| | | | | | | | |
| | | | | | | | |

# 五、内部审计机构考核体系

1. 考核指标

为发挥内部审计增值功能，以客户为导向，提升内部审计服务品质，组织应对内部审计机构进行年度绩效考核。考核指标有数量化指标、质量化指标、反馈式指标，具体如表 6-2 所示。

表 6-2　内部审计机构考核

| 指标名称 | 具体指标 |
|---|---|
| 数量化指标 | 审计项目完成率 |
| | 审计增收节支金额 |
| | 审计发现的违纪违规金额 |
| | 降低的外部审计成本 |
| 质量化指标 | 提出完善管理的建议 |
| | 提出提高经营效率的建议 |
| | 提出风险预警的建议 |
| 反馈式指标 | 董事会对内部审计机构的评价 |
| | 被审计单位对内部审计机构的评价 |
| | 外部审计对内部审计机构的评价 |

2. 满意度调查示例

## 关于审计工作满意度与需求的调查问卷

各位领导，伙伴好：

感激您在过去的一年里对审计工作的支持、指导和配合。为持续践行集团"幸福客户""团队协作"等核心价值观，进一步改善审计服务品质，促进各单位效率和效益的提升，特进行本次问卷调查，我们期待您的真知灼见。感谢您的配合！

一、基本情况

1. 您的姓名：＿＿＿＿＿＿＿。　　单位：＿＿＿＿＿＿＿＿＿。

2. 您对内部审计或风控工作的了解程度。（单选）

○非常了解　　　　○了解　　　　○一般　　　　○不了解

二、满意度评价

请您用四个词评价 2020 年审计团队在以下方面的工作表现。

审计团队在诚实正直方面的表现：＿＿＿＿＿＿＿＿＿＿＿＿＿＿。

审计团队的保密工作方面的表现：＿＿＿＿＿＿＿＿＿＿＿＿＿＿。

审计处理处罚方面的表现：＿＿＿＿＿＿＿＿＿＿＿＿＿＿＿＿。

审计团队胜任能力评价见下表。

### 审计团队胜任能力评价

| 评价指标 | 较好 | 一般 | 较差 |
| --- | --- | --- | --- |
| 沟通能力 | ○ | ○ | ○ |
| 协作能力 | ○ | ○ | ○ |
| 风控能力 | ○ | ○ | ○ |
| 审计跟踪整改能力 | ○ | ○ | ○ |
| 审计报告撰写能力 | ○ | ○ | ○ |

三、需求与建议

未来您在哪些方面需要内部审计机构提供优质服务（描述得越具体越好）。

风控、内控或舞弊知识培训方面：＿＿＿＿＿＿＿＿＿＿＿＿＿。

内控评价方面：＿＿＿＿＿＿＿＿＿＿＿＿＿＿＿＿＿＿＿＿。

风险识别和评估方面：＿＿＿＿＿＿＿＿＿＿＿＿＿＿＿＿＿。

风险管理方面：＿＿＿＿＿＿＿＿＿＿＿＿＿＿＿＿＿＿＿＿。

审计整改跟踪方面：＿＿＿＿＿＿＿＿＿＿＿＿＿＿＿＿＿＿。

您对审计工作（审计价值体现、审计沟通、审计培训、风控工作、审计整改跟踪、审计处理处罚等方面）的宝贵意见或建议：＿＿＿＿＿＿＿＿＿。

您建议 2021 年审计或风控工作的重点领域或业务是：＿＿＿＿＿＿＿。

# 六、小测试

（1）内部审计机构制度体系的具体内容有哪些？

（2）内部审计机构的考核指标有哪些？

答案：

（1）内部审计机构制度体系应包括以下四个层次。第一层次，内部审计章程，内容包括内部审计宗旨、定位、愿景和使命等。第二层次，内部审计手册（基本制度），内容包括内部审计机构的职责说明书、内部审计职业道德手册、对内部审计人员胜任能力的要求、内部审计质量管理手册等。第三层次，具体制度，如经济责任审计管理办法、工程审计管理办法、审计取证的制度等。第四层次，内部审计人员的职业素养和道德规范。

（2）内部审计机构的考核指标有数量化指标、质量化指标、反馈式指标。

# 附 录

## 附录 A 《中央企业全面风险管理指引》

### 中央企业全面风险管理指引

#### 第一章　总则

第一条　为指导国务院国有资产监督管理委员会（以下简称国资委）履行出资人职责的企业（以下简称中央企业）开展全面风险管理工作，增强企业竞争力，提高投资回报，促进企业持续、健康、稳定发展，根据《中华人民共和国公司法》《企业国有资产监督管理暂行条例》等法律法规，制定本指引。

第二条　中央企业根据自身实际情况贯彻执行本指引。中央企业中的国有独资公司董事会负责督导本指引的实施；国有控股企业由国资委和国资委提名的董事通过股东（大）会和董事会按照法定程序负责督导本指引的实施。

第三条　本指引所称企业风险，指未来的不确定性对企业实现其经营目标的影响。企业风险一般可分为战略风险、财务风险、市场风险、运营风险、法律风险等；也可以能否为企业带来盈利等机会为标志，将风险分为纯粹风险（只有带来损失一种可能性）和机会风险（带来损失和盈利的可能性并存）。

第四条　本指引所称全面风险管理，指企业围绕总体经营目标，通过在企业管理的各个环节和经营过程中执行风险管理的基本流程，培育良好的风险管理文化，建立健全全面风险管理体系，包括风险管理策略、风险理财措施、风险管理的组织职能体系、风险管理信息系统和内部控制系统，从而为实现风险管理的总体目标提供合理保证的过程和方法。

第五条 本指引所称风险管理基本流程包括以下主要工作：

（一）收集风险管理初始信息；

（二）进行风险评估；

（三）制定风险管理策略；

（四）提出和实施风险管理解决方案；

（五）风险管理的监督与改进。

第六条 本指引所称内部控制系统，指围绕风险管理策略目标，针对企业战略、规划、产品研发、投融资、市场运营、财务、内部审计、法律事务、人力资源、采购、加工制造、销售、物流、质量、安全生产、环境保护等各项业务管理及其重要业务流程，通过执行风险管理基本流程，制定并执行的规章制度、程序和措施。

第七条 企业开展全面风险管理要努力实现以下风险管理总体目标：

（一）确保将风险控制在与总体目标相适应并可承受的范围内；

（二）确保内外部，尤其是企业与股东之间实现真实、可靠的信息沟通，包括编制和提供真实、可靠的财务报告；

（三）确保遵守有关法律法规；

（四）确保企业有关规章制度和为实现经营目标而采取重大措施的贯彻执行，保障经营管理的有效性，提高经营活动的效率和效果，降低实现经营目标的不确定性；

（五）确保企业建立针对各项重大风险发生后的危机处理计划，保护企业不因灾害性风险或人为失误而遭受重大损失。

第八条 企业开展全面风险管理工作，应注重防范和控制风险可能给企业造成损失和危害，也应把机会风险视为企业的特殊资源，通过对其管理，为企业创造价值，促进经营目标的实现。

第九条 企业应本着从实际出发，务求实效的原则，以对重大风险、重大事件（指重大风险发生后的事实）的管理和重要流程的内部控制为重点，积极开展全面风险管理工作。具备条件的企业应全面推进，尽快建立全面风险管理体系；其他企业应制定开展全面风险管理的总体规划，分步实施，可先选择发展战略、投资收购、财务报告、内部审计、衍生产品交易、法律事务、安全生产、应收账款管理等一项或多项业务开展风险管理工作，建立单项或多项内部控制子系统。通过积累经验，培养人才，逐步建立健全全面风险管理体系。

第十条 企业开展全面风险管理工作应与其他管理工作紧密结合，把风险管理的各项要求融入企业管理和业务流程中。具备条件的企业可建立风险管理三道防线，即各有关职能部门和业务单位为第一道防线；风险管理职能部门和董事会下设的风险管理委员会为第二道防线；内部审计部门和董事会下设的审计委员会为第三道防线。

## 第二章 风险管理初始信息

第十一条 实施全面风险管理，企业应广泛、持续不断地收集与本企业风险和风险管理相关的内部、外部初始信息，包括历史数据和未来预测。应把收集初始信息的职责分工落实到各有关职能部门和业务单位。

第十二条 在战略风险方面，企业应广泛收集国内外企业战略风险失控导致企业蒙受损失的案例，并至少收集与本企业相关的以下重要信息：

（一）国内外宏观经济政策及经济运行情况、本行业状况、国家产业政策；

（二）科技进步、技术创新的有关内容；

（三）市场对本企业产品或服务的需求；

（四）与企业战略合作伙伴的关系，未来寻求战略合作伙伴的可能性；

（五）本企业主要客户、供应商及竞争对手的有关情况；

（六）与主要竞争对手相比，本企业实力与差距；

（七）本企业发展战略和规划、投融资计划、年度经营目标、经营战略，以及编制这些战略、规划、计划、目标的有关依据；

（八）本企业对外投融资流程中曾发生或易发生错误的业务流程或环节。

第十三条 在财务风险方面，企业应广泛收集国内外企业财务风险失控导致危机的案例，并至少收集本企业的以下重要信息（其中有行业平均指标或先进指标的，也应尽可能收集）：

（一）负债、或有负债、负债率、偿债能力；

（二）现金流、应收账款及其占销售收入的比重、资金周转率；

（三）产品存货及其占销售成本的比重、应付账款及其占购货额的比重；

（四）制造成本和管理费用、财务费用、营业费用；

（五）盈利能力；

（六）成本核算、资金结算和现金管理业务中曾发生或易发生错误的业务流程或环节；

（七）与本企业相关的行业会计政策、会计估算、与国际会计制度的差异与调节（如退休金、递延税项等）等信息。

第十四条 在市场风险方面，企业应广泛收集国内外企业忽视市场风险、缺乏应对措施导致企业蒙受损失的案例，并至少收集与本企业相关的以下重要信息：

（一）产品或服务的价格及供需变化；

（二）能源、原材料、配件等物资供应的充足性、稳定性和价格变化；

（三）主要客户、主要供应商的信用情况；

（四）税收政策和利率、汇率、股票价格指数的变化；

（五）潜在竞争者、竞争者及其主要产品、替代品情况。

第十五条 在运营风险方面，企业应至少收集与本企业、本行业相关的以下信息：

（一）产品结构、新产品研发；

（二）新市场开发，市场营销策略，包括产品或服务定价与销售渠道，市场营销环境状况等；

（三）企业组织效能、管理现状、企业文化，高、中层管理人员和重要业务流程中专业人员的知识结构、专业经验；

（四）期货等衍生产品业务中曾发生或易发生失误的流程和环节；

（五）质量、安全、环保、信息安全等管理中曾发生或易发生失误的业务流程或环节；

（六）因企业内、外部人员的道德风险致使企业遭受损失或业务控制系统失灵；

（七）给企业造成损失的自然灾害及除上述有关情形之外的其他纯粹风险；

（八）对现有业务流程和信息系统操作运行情况的监管、运行评价及持续改进能力；

（九）企业风险管理的现状和能力。

第十六条 在法律风险方面，企业应广泛收集国内外企业忽视法律法规风险、缺乏应对措施导致企业蒙受损失的案例，并至少收集与本企业相关的以下信息：

（一）国内外与本企业相关的政治、法律环境；

（二）影响企业的新法律法规和政策；

（三）员工道德操守的遵从性；

（四）本企业签订的重大协议和有关贸易合同；

（五）本企业发生重大法律纠纷案件的情况；

（六）企业和竞争对手的知识产权情况。

第十七条　企业对收集的初始信息应进行必要的筛选、提炼、对比、分类、组合，以便进行风险评估。

## 第三章　风险评估

第十八条　企业应对收集的风险管理初始信息和企业各项业务管理及其重要业务流程进行风险评估。风险评估包括风险辨识、风险分析、风险评价三个步骤。

第十九条　风险评估应由企业组织有关职能部门和业务单位实施，也可聘请有资质、信誉好、风险管理专业能力强的中介机构协助实施。

第二十条　风险辨识是指查找企业各业务单元、各项重要经营活动及其重要业务流程中有无风险，有哪些风险。风险分析是对辨识出的风险及其特征进行明确的定义描述，分析和描述风险发生可能性的高低、风险发生的条件。风险评价是评估风险对企业实现目标的影响程度、风险的价值等。

第二十一条　进行风险辨识、分析、评价，应将定性与定量方法相结合。定性方法可采用问卷调查、集体讨论、专家咨询、情景分析、政策分析、行业标杆比较、管理层访谈、由专人主持的工作访谈和调查研究等。定量方法可采用统计推论（如集中趋势法）、计算机模拟（如蒙特卡罗分析法）、失效模式与影响分析、事件树分析等。

第二十二条　在进行风险定量评估时，应统一制定各风险的度量单位和风险度量模型，并通过测试等方法，确保评估系统的假设前提、参数、数据来源和定量评估程序的合理性和准确性。要根据环境的变化，定期对假设前提和参数进行复核和修改，并将定量评估系统的估算结果与实际效果对比，据此对有关参数进行调整和改进。

第二十三条　风险分析应包括风险之间的关系分析，以便发现各风险之间的自然对冲、风险事件发生的正负相关性等组合效应，从风险策略上对风险进行统一集中管理。

第二十四条　企业在评估多项风险时，应根据对风险发生可能性的高低和对目标的影响程度的评估，绘制风险坐标图，对各项风险进行比较，初步确定对各项风险的管理优先顺序和策略。

第二十五条　企业应对风险管理信息实行动态管理，定期或不定期实施风险辨识、分析、评价，以便对新的风险和原有风险的变化重新评估。

## 第四章　风险管理策略

第二十六条　本指引所称风险管理策略，指企业根据自身条件和外部环境，围绕企业发展战略，确定风险偏好、风险承受度、风险管理有效性标准，选择风险承担、风险规避、风险转移、风险转换、风险对冲、风险补偿、风险控制等适合的风险管理工具的总体策略，并确定风险管理所需人力和财力资源的配置原则。

第二十七条　一般情况下，对战略、财务、运营和法律风险，可采用风险承担、风险规避、风险转换、风险控制等方法。对能够通过保险、期货、对冲等金融手段进行理财的风险，可采用风险转移、风险对冲、风险补偿等方法。

第二十八条　企业应根据不同业务特点统一确定风险偏好和风险承受度，即企业愿意承担哪些风险，明确风险的最低限度和不能超过的最高限度，并据此确定风险的预警线及相应采取的对策。确定风险偏好和风险承受度，要正确认识和把握风险与收益的平衡，防止和纠正忽视风险，片面追求收益而不讲条件、范围，认为风险越大、收益越高的观念和做法；同时，也要防止单纯为规避风险而放弃发展机遇。

第二十九条　企业应根据风险与收益相平衡的原则及各风险在风险坐标图上的位置，进一步确定风险管理的优选顺序，明确风险管理成本的资金预算和控制风险的组织体系、人力资源、应对措施等总体安排。

第三十条　企业应定期总结和分析已制定的风险管理策略的有效性和合理性，结合实际不断修订和完善。其中，应重点检查依据风险偏好、风险承受度和风险控制预警线实施的结果是否有效，并提出定性或定量的有效性标准。

## 第五章　风险管理解决方案

第三十一条　企业应根据风险管理策略，针对各类风险或每一项重大风险制定风险管理解决方案。方案一般应包括风险解决的具体目标，所需的组织领导，所涉及的管理及业务流程，所需的条件、手段等资源，风险事件发生前、中、后所采取的具体应对措施及风险管理工具（如关键风险指标管理、损失事件管理等）。

第三十二条　企业制定风险管理解决的外包方案，应注重成本与收益的平衡、外包工作的质量、自身商业秘密的保护及防止自身对风险解决外包产生依赖性风险等，并制定相应的预防和控制措施。

第三十三条　企业制定风险解决的内控方案，应满足合规的要求，坚持经营战略与风险策略一致、风险控制与运营效率及效果相平衡的原则，针对重大风险所涉及的各管理及业务流程，制定涵盖各环节的全流程控制措施；对其他风险所涉及的业务流程，要把关键环节作为控制点，采取相应的控制措施。

第三十四条　企业制定内控措施，一般至少包括以下内容。

（一）建立内控岗位授权制度。对内控所涉及的各岗位明确规定授权的对象、条件、范围和额度等，任何组织和个人不得超越授权做出风险性决定。

（二）建立内控报告制度。明确规定报告人与接受报告人，报告的时间、内容、频率、传递路线、负责处理报告的部门和人员等。

（三）建立内控批准制度。对内控所涉及的重要事项，明确规定批准的程序、条件、范围和额度、必备文件，以及有权批准的部门和人员及其相应责任。

（四）建立内控责任制度。按照权利、义务和责任相统一的原则，明确规定各有关部门和业务单位、岗位、人员应负的责任和奖惩制度。

（五）建立内控审计检查制度。结合内控的有关要求、方法、标准与流程，明确规定审计检查的对象、内容、方式和负责审计检查的部门等。

（六）建立内控考核评价制度。具备条件的企业应把各业务单位风险管理执行情况与绩效薪酬挂钩。

（七）建立重大风险预警制度。对重大风险进行持续不断的监测，及时发布预警信息，制定应急预案，并根据情况变化调整控制措施。

（八）建立健全以总法律顾问制度为核心的企业法律顾问制度。大力加强企业法律风险防范机制建设，形成由企业决策层主导、企业总法律顾问牵头、企业法律顾问提供业务保障、全体员工共同参与的法律风险责任体系。完善企业重大法律纠纷案件的备案管理制度。

（九）建立重要岗位权力制衡制度，明确规定不相容职责的分离，主要包括授权批准、业务经办、会计记录、财产保管和稽核检查等职责。对内控所涉及的重要岗位可设置一岗双人、双职、双责，相互制约；明确该岗位的上级部门或人员对其应采取的监督措施和应负的监督责任；将该岗位作为内部审计的重点等。

第三十五条　企业应当按照各有关部门和业务单位的职责分工，认真组织实施风险管理解决方案，确保各项措施落实到位。

<h2 style="text-align:center">第六章　风险管理的监督与改进</h2>

**第三十六条**　企业应以重大风险、重大事件和重大决策、重要管理及业务流程为重点，对风险管理初始信息、风险评估、风险管理策略、关键控制活动及风险管理解决方案的实施情况进行监督，采用压力测试、返回测试、穿行测试及风险控制自我评估等方法对风险管理的有效性进行检验，根据变化情况和存在的缺陷及时加以改进。

**第三十七条**　企业应建立贯穿整个风险管理基本流程，连接各上下级、各部门和业务单位的风险管理信息沟通渠道，确保信息沟通的及时、准确、完整，为风险管理监督与改进奠定基础。

**第三十八条**　企业各有关部门和业务单位应定期对风险管理工作进行自查和检验，及时发现缺陷并改进，其检查、检验报告应及时报送企业风险管理职能部门。

**第三十九条**　企业风险管理职能部门应定期对各部门和业务单位风险管理工作实施情况和有效性进行检查和检验，要根据本指引第三十条要求对风险管理策略进行评估，对跨部门和业务单位的风险管理解决方案进行评价，提出调整或改进建议，出具评价和建议报告，及时报送企业总经理或其委托分管风险管理工作的高级管理人员。

**第四十条**　企业内部审计部门应至少每年一次对包括风险管理职能部门在内的各有关部门和业务单位能否按照有关规定开展风险管理工作及其工作效果进行监督评价，监督评价报告应直接报送董事会或董事会下设的风险管理委员会和审计委员会。此项工作也可结合年度审计、任期审计或专项审计工作一并开展。

**第四十一条**　企业可聘请有资质、信誉好、风险管理专业能力强的中介机构对企业全面风险管理工作进行评价，出具风险管理评估和建议专项报告。报告一般应包括以下几个方面的实施情况、存在缺陷和改进建议：

（一）风险管理基本流程与风险管理策略；

（二）企业重大风险、重大事件和重要管理，以及业务流程的风险管理及内部控制系统的建设；

（三）风险管理组织体系与信息系统；

（四）全面风险管理总体目标。

## 第七章　风险管理组织体系

第四十二条　企业应建立健全风险管理组织体系，主要包括规范的公司法人治理结构，风险管理职能部门、内部审计部门和法律事务部门，以及其他有关职能部门、业务单位的组织领导机构及其职责。

第四十三条　企业应建立健全规范的公司法人治理结构，股东（大）会（对于国有独资公司或国有独资企业，即指国资委，下同）、董事会、监事会、经理层依法履行职责，形成高效运转、有效制衡的监督约束机制。

第四十四条　国有独资公司和国有控股公司应建立外部董事、独立董事制度，外部董事、独立董事人数应超过董事会全部成员的半数，以保证董事会能够在重大决策、重大风险管理等方面做出独立于经理层的判断和选择。

第四十五条　董事会就全面风险管理工作的有效性对股东（大）会负责。董事会在全面风险管理方面主要履行以下职责：

（一）审议并向股东（大）会提交企业全面风险管理年度工作报告；

（二）确定企业风险管理总体目标、风险偏好、风险承受度，批准风险管理策略和重大风险管理解决方案；

（三）了解和掌握企业面临的各项重大风险及其风险管理现状，做出有效控制风险的决策；

（四）批准重大决策、重大风险、重大事件和重要业务流程的判断标准或判断机制；

（五）批准重大决策的风险评估报告；

（六）批准内部审计部门提交的风险管理监督评价审计报告；

（七）批准风险管理组织机构设置及其职责方案；

（八）批准风险管理措施，纠正和处理任何组织或个人超越风险管理制度做出的风险性决定的行为；

（九）督导企业风险管理文化的培育；

（十）全面风险管理其他重大事项。

第四十六条　具备条件的企业，董事会可下设风险管理委员会。该委员会的召集人应由不兼任总经理的董事长担任；董事长兼任总经理的，召集人应由外部董事或独立董事担任。该委员会成员中需有熟悉企业重要管理及业务流程的董事，以及具备风险管理监管知识或经验、具有一定法律知识的董事。

第四十七条　风险管理委员会对董事会负责，主要履行以下职责：

（一）提交全面风险管理年度报告；

（二）审议风险管理策略和重大风险管理解决方案；

（三）审议重大决策、重大风险、重大事件和重要业务流程的判断标准或判断机制，以及重大决策的风险评估报告；

（四）审议内部审计部门提交的风险管理监督评价审计综合报告；

（五）审议风险管理组织机构设置及其职责方案；

（六）办理董事会授权的有关全面风险管理的其他事项。

第四十八条　企业总经理对全面风险管理工作的有效性向董事会负责。总经理或总经理委托的高级管理人员，负责主持全面风险管理的日常工作，负责组织拟定企业风险管理组织机构设置及其职责方案。

第四十九条　企业应设立专职部门或确定相关职能部门履行全面风险管理的职责。该部门对总经理或其委托的高级管理人员负责，主要履行以下职责：

（一）研究提出全面风险管理工作报告；

（二）研究提出跨职能部门的重大决策、重大风险、重大事件和重要业务流程的判断标准或判断机制；

（三）研究提出跨职能部门的重大决策风险评估报告；

（四）研究提出风险管理策略和跨职能部门的重大风险管理解决方案，并负责该方案的组织实施和对该风险的日常监控；

（五）负责对全面风险管理有效性进行评估，研究提出全面风险管理的改进方案；

（六）负责组织建立风险管理信息系统；

（七）负责组织协调全面风险管理日常工作；

（八）负责指导、监督有关职能部门、各业务单位及全资、控股子企业开展全面风险管理工作；

（九）办理风险管理其他有关工作。

第五十条　企业应在董事会下设立审计委员会，企业内部审计部门对审计委员会负责。审计委员会和内部审计部门的职责应符合《中央企业内部审计管理暂行办法》（国资委令第8号）的有关规定。内部审计部门在风险管理方面，主要负责研究提出全面风险管理监督评价体系，制定监督评价相关制度，开展监督与评价，出具监督评价审计报告。

第五十一条　企业其他职能部门及各业务单位在全面风险管理工作中，应接受风险管理职能部门和内部审计部门的组织、协调、指导和监督，主要履行以下职责：

（一）执行风险管理基本流程；

（二）研究提出本职能部门或业务单位重大决策、重大风险、重大事件和重要业务流程的判断标准或判断机制；

（三）研究提出本职能部门或业务单位的重大决策风险评估报告；

（四）做好本职能部门或业务单位建立风险管理信息系统的工作；

（五）做好培育风险管理文化的有关工作；

（六）建立健全本职能部门或业务单位的风险管理内部控制子系统；

（七）办理风险管理其他有关工作。

第五十二条　企业应通过法定程序，指导和监督其全资、控股子企业建立与企业相适应或符合全资、控股子企业自身特点、能有效发挥作用的风险管理组织体系。

## 第八章　风险管理信息系统

第五十三条　企业应将信息技术应用于风险管理的各项工作，建立涵盖风险管理基本流程和内部控制系统各环节的风险管理信息系统，包括信息的采集、存储、加工、分析、测试、传递、报告、披露等。

第五十四条　企业应采取措施确保向风险管理信息系统输入的业务数据和风险量化值的一致性、准确性、及时性、可用性和完整性。对输入信息系统的数据，未经批准，不得更改。

第五十五条　风险管理信息系统应能够进行对各种风险的计量和定量分析、定量测试；能够实时反映风险矩阵和排序频谱、重大风险和重要业务流程的监控状态；能够对超过风险预警上限的重大风险实施信息报警；能够满足风险管理内部信息报告制度和企业对外信息披露管理制度的要求。

第五十六条　风险管理信息系统应实现信息在各职能部门、业务单位之间的集成与共享，既能满足单项业务风险管理的要求，也能满足企业整体和跨职能部门、业务单位的风险管理综合要求。

第五十七条　企业应确保风险管理信息系统的稳定运行和安全，并根据实际需要不断进行改进、完善或更新。

第五十八条　已建立或基本建立企业管理信息系统的企业，应补充、调整、更新已有的管理流程和管理程序，建立完善的风险管理信息系统；尚未建立企业管理信息系统的，应将风险管理与企业各项管理业务流程、管理软件统一规划、统一设计、统一实施、同步运行。

## 第九章　风险管理文化

第五十九条　企业应注重建立具有风险意识的企业文化，促进企业风险管理水平、员工风险管理素质的提升，保障企业风险管理目标的实现。

第六十条　风险管理文化建设应融入企业文化建设全过程。大力培育和塑造良好的风险管理文化，树立正确的风险管理理念，增强员工风险管理意识，将风险管理意识转化为员工的共同认识和自觉行动，促进企业建立系统、规范、高效的风险管理机制。

第六十一条　企业应在内部各个层面营造风险管理文化氛围。董事会应高度重视风险管理文化的培育，总经理负责培育风险管理文化的日常工作。董事和高级管理人员应在培育风险管理文化中起表率作用。重要管理及业务流程和风险控制点的管理人员和业务操作人员应成为培育风险管理文化的骨干。

第六十二条　企业应大力加强员工法律素质教育，制定员工道德诚信准则，形成人人讲道德诚信、合法合规经营的风险管理文化。对于不遵守国家法律法规和企业规章制度、弄虚作假、徇私舞弊等违法及违反道德诚信准则的行为，企业应严肃查处。

第六十三条　企业全体员工尤其是各级管理人员和业务操作人员应通过多种形式，努力传播企业风险管理文化，牢固树立风险无处不在、风险无时不在、严格防控纯粹风险、审慎处置机会风险、岗位风险管理责任重大等意识和理念。

第六十四条　风险管理文化建设应与薪酬制度和人事制度相结合，有利于增强各级管理人员特别是高级管理人员风险意识，防止盲目扩张、片面追求业绩、忽视风险等行为的发生。

第六十五条　企业应建立重要管理及业务流程、风险控制点的管理人员和业务操作人员岗前风险管理培训制度。采取多种途径和形式，加强对风险管理理念、知识、流程、管控核心内容的培训，培养风险管理人才，培育风险管理文化。

### 第十章　附则

　　**第六十六条**　中央企业中未设立董事会的国有独资企业，由经理办公会议代行本指引中有关董事会的职责，总经理对本指引的贯彻执行负责。

　　**第六十七条**　本指引在中央企业投资、财务报告、衍生产品交易等方面的风险管理配套文件另行下发。

　　**第六十八条**　本指引的《附录》对本指引所涉及的有关技术方法和专业术语进行了说明。

　　**第六十九条**　本指引由国务院国有资产监督管理委员会负责解释。

　　**第七十条**　本指引自印发之日起施行。

# 附录 B　《关于深化中央企业内部审计
监督工作的实施意见》

## 关于深化中央企业内部审计监督工作的实施意见

为有效推动中央企业构建集中统一、全面覆盖、权威高效的审计监督体系，贯彻落实党中央、国务院关于深化国有企业和国有资本审计监督的工作部署，根据《中华人民共和国企业国有资产法》《中华人民共和国审计法》，按照《中共中央国务院关于深化国有企业改革的指导意见》（中发〔2015〕22 号）、《国务院办公厅关于加强和改进企业国有资产监督防止国有资产流失的意见》（国办发〔2015〕79 号）、《审计署关于内部审计工作的规定》（审计署令第 11 号）等有关要求，制定本意见。

### 一、总体要求

深入贯彻落实党中央、国务院关于加快建立健全国有企业、国有资本审计监督体系和制度的工作部署，围绕形成以管资本为主的国有资产监管体制，推动中央企业建立符合中国特色现代企业制度要求的内部审计领导和管理体制机制，做到应审尽审、凡审必严，促进中央企业落实党和国家方针政策及国有资产监管各项政策制度。深化企业改革，服务企业发展战略，提升公司治理水平和风险防范能力，助力中央企业加快实现转型升级、高质量发展和做强做优做大。

### 二、强化统一管控能力，进一步完善内部审计领导和管理体制机制

（一）建立健全内部审计领导体制。建立健全党委（党组）、董事会（或主要负责人）直接领导下的内部审计领导体制。党委（党组）要加强对内部审计工作的领导，不断健全和完善党委（党组）领导内部审计工作的制度和工作机制，强化对内部审计重大工作的顶层设计、统筹协调和督促落实。董事会负责审议内部审计基本制度、审计计划、重要审计报告，决定内部审计机构设置及其负责人，加强对内部审计重要事项的管理。董事长具体分管内部审计，是内部审计工作第一责任人。加快建立总审计师制度，

协助党组织、董事会（或主要负责人）管理内部审计工作。经理层接受并积极配合内部审计监督，落实对内部审计发现问题的整改。内部审计机构向党委（党组）、董事会（或主要负责人）负责并报告工作。

（二）切实发挥董事会审计委员会管理和指导作用。落实董事会审计委员会作为董事会专门工作机构的职责，审计委员会要定期或不定期召开有关会议并形成会议记录、纪要，加强对审计计划、重点任务、整改落实等重要事项的管理和指导，督促年度审计计划及任务组织实施，研究重大审计结论和整改落实工作，评价内部审计机构工作成效，及时将有关情况报告董事会或提请董事会审议。

（三）不断完善集团统一管控的内部审计管理体制。强化集团总部对内部审计工作统一管控，统一制订审计计划、确定审计标准、调配审计资源，加快形成"上审下"的内部审计管理体制。推动所属二级子企业及二级以下重要子企业设置内部审计机构，未设置内部审计机构的子企业内部审计工作由上一级审计机构负责。所属子企业户数多、分布广或人员力量薄弱的企业，需设立审计中心或区域审计中心，规范开展集中审计或区域集中审计。各级内部审计机构审计计划、审计报告、审计发现问题、整改落实情况及违规违纪违法问题线索移送等事项，在向本级党委（党组）及董事会报告的同时，应向上一级内部审计机构报告，审计发现的重大损失、重要事件和重大风险应及时向集团总部报告。

（四）健全内部审计制度体系。在不断完善内部审计各项制度规定基础上，对落实党和国家方针政策、国企改革重点任务、国有资产监管政策及境外国有资产监管、内控体系建设等重要事项、重点领域和关键环节，补短板、填空白，持续构建符合国有资产监管要求和公司治理需要的企业内部审计制度体系。

（五）强化激励约束机制。落实审计工作结果签字背书责任制度，明确审计项目负责人及相关审计人员对审计结论和审计程序分别承担相应的审计责任。研究制定本企业审计质量考评标准，推动审计人员绩效考核结果与薪酬兑现、职业晋升、任职交流等挂钩，探索建立与其他业务部门差异化的内部审计考核体系，作为被审计对象的同级业务部门不参与对内部审计机构及其负责人的绩效测评。对审计工作中存在失职、渎职的要严肃追责问责，涉嫌违纪违法的，按程序移送纪检监察机构处理。下一级内部审计机构负责人任免和年度绩效考核结果需报上一级内部审计机构备案。

### 三、有效履行工作职责，全面提升内部审计监督效能

（六）积极推动内部审计监督无死角、全覆盖。坚持应审尽审、凡审必严，在贯彻执行党和国家重大方针政策、国资监管工作要求、完成国企改革重点任务、领导人员履行经济责任及管理、使用和运营国有资本情况等方面全面规范开展各类审计监督，重点关注深化国有企业改革进程中的苗头性、倾向性、典型性问题。对所属子企业确保每5年至少轮审1次；对重大投资项目、重大风险领域和重要子企业实施重点审计，确保每年至少1次。企业可以根据审计工作需要，规范购买社会审计服务开展相关工作。

（七）加快推动内部审计信息化建设与应用。按照国有资产监管信息化建设要求，落实经费和技术保障措施，构建与"三重一大"决策、投资、财务、资金、运营、内控等业务信息系统相融合的"业审一体"信息化平台。及时准确提供审计所需电子数据，并根据审计人员层级赋予相应的数据查询权限。信息化基础较好的企业要积极运用大数据、云计算、人工智能等方式，探索建立审计实时监督平台，对重要子企业实施联网审计，提高审计监督时效性和审计质量。

（八）加强企业内部监督协同配合。加强与企业监事会、纪检监察、巡视，以及法律、财务、违规责任追究等部门的沟通协调，将各方面集中反映的问题领域作为重点关注事项。通过联席会议、联合检查等方式，加强信息通报与交流、问题线索移送与协查等工作协同，对内部监督发现的共性问题或警示性问题在一定范围内进行通报，提高企业内部监督透明度和影响力。

（九）提升审计队伍专业化、职业化水平。选拔政治过硬、德才兼备、具备专业技能和业务知识的复合型人才充实审计队伍，鼓励审计人员参加相关执业资格考试。加大与财务、内控、运营、采购、销售、企业管理等业务部门之间的人员交流力度，拓宽内部审计人员职业发展通道，将内部审计岗位打造成企业内部人才培养和选拔任用的重要平台。落实审计专项经费预算，配备与企业规模、审计业务量等相适应的审计人员，打造专业化、职业化的内部审计工作队伍。

### 四、聚焦经济责任，促进权力规范运行和责任有效落实

（十）深化和改善经济责任审计工作。贯彻落实党中央、国务院关于深化和改善经济责任审计工作要求，围绕权力运行和责任落实，坚持以对领导人员任职期间审计为主，对所属二级子企业主要领导人员履行经济责任情况任期内至少审计1次，对掌握重

要资金决策权、分配权、管理权、执行权和监督权等关键岗位的主要领导人员加大审计力度。完善定性评价与定量评价相结合的审计评价体系，落实"三个区分开来"要求，审慎做出评价和结论，鼓励探索创新，激励担当作为，保护企业领导人员干事创业的积极性、主动性、创造性。

（十一）规范有效开展经济责任审计。聚焦经济责任，突出对党和国家重大方针政策、国资监管工作要求、企业改革发展目标任务等落实情况，企业法人治理结构的健全完善、投资经营、风险管控、内控体系建设与运行、整改落实等方面及领导人员廉洁从业和贯彻落实中央八项规定精神情况的监督检查。研究确定经济责任审计中长期规划，制订年度审计计划，强化审计计划刚性约束，不断完善企业内部经济责任审计组织协调、审计程序、审计评价、审计结果运用等工作机制。建立健全经济责任审计情况通报、责任追究、整改落实、结果公告等制度，有效落实企业领导人员经济责任。

**五、突出关键环节，强化对重点领域的监督力度**

（十二）围绕提质增效稳增长开展全面监督。适应常态化疫情防控和国际形势变化，结合经营业绩考核指标，重点关注会计政策和会计估计变更、合并报表范围调整、期初数大额调整、收入确认、减值计提等会计核算事项，保障会计信息真实性。加大对成本费用管控目标实现情况、应收账款和存货"两金"管控目标完成情况、资金集中管控情况、人工成本管控情况及降杠杆减负债等工作的审计力度。

（十三）突出主责主业专项监督。围绕持续推动国有资本布局优化，聚焦主责主业发展实体经济等工作要求，加大对非主业、非优势业务的"两非"剥离和无效资产、低效资产的"两资"处置情况的审计力度。将打通供应链、稳住产业链等工作落实情况及投资项目负面清单执行、长期不分红甚至亏损的参股股权清理、通过股权代持或虚假合资等方式被民营企业挂靠等情况纳入内部审计重要任务。对国有资产监管机构政策措施和监管要求落实情况进行跟踪审计，推动各项工作要求落实到位。

（十四）对混合所有制改革全过程进行审计监督。将混合所有制改革过程中的决策审批、资产评估、交易定价、职工安置等环节纳入内部审计重点工作任务，及时纠正混合所有制改革过程中出现的问题和偏差。规范开展混合所有制改革中参股企业的审计，通过公司章程、参股协议等保障国有股东审计监督权限，对参股企业财务信息和经营情况进行审计监督，坚决杜绝"只投不管"现象。

（十五）强化大额资金管控监督。针对近年来电子支付、网络交易等新兴资金结算手段的普遍使用等资金管理新形态，重点关注关键岗位授权、不相容岗位分离等内控环节的健全完善及执行情况，深入揭示资金审批、结算、对账等各日常业务环节的薄弱点。对资金中心等资金管理机构每年至少应当审计 1 次，对负责资金审批和具体操作的关键岗位和重要环节应进行常态化监督。

（十六）加强对赌模式并购投资监督。将使用对赌模式开展的并购投资项目纳入内部审计重点工作任务，对对赌期内的被并购企业开展跟踪审计，对赌期结束后开展专项审计。重点关注对赌指标完成情况的真实性、完整性，以及作为分期支付投资款或限售股份解禁、收取对赌补偿等程序重要依据的合规性，及时揭示问题，防止国有资产流失。

（十七）加大对高风险金融业务的监督力度。加大对金融业务领域贯彻中央重大决策部署、执行国家宏观调控和经济金融政策等方面审计力度，重点关注脱离主业盲目发展金融业务、脱实向虚、风险隐患较大业务清理整顿，以及投机开展金融衍生业务、"一把手"越权操作、超授权交易等内容。对重点金融子企业和信托、债券、金融衍生品等高风险金融业务每年至少开展 1 次专项审计，切实防止风险交叉传导。

（十八）落实对"三重一大"事项的跟踪审计。对重大决策、重要项目安排和大额资金使用情况进行全过程跟踪审计。加强对可行性研究论证、尽职调查、资产评估、风险评估等对重大决策、重要项目具有重要影响环节的监督力度，强化对决策规范性、科学性的监督，促进企业提高投资经营决策水平。

### 六、强化境外内部审计，有力保障境外国有资产安全完整

（十九）加大境外企业内部审计监督力度。结合境外企业所在国家或地区的法律法规及政治、经济、文化特点，研究制定境外内部审计制度规定，在与外方签订的投资协议（合同）或公司章程等法定文件中推动落实中方审计权限。切实推进境外审计全覆盖、常态化，对重点境外经营投资项目（投资额 1 亿美元以上）或重要境外企业（机构），每年至少应审计 1 次。完善审计方式方法，配备具备外语能力、熟悉国际法律的复合型审计人员，探索开展向重要境外企业（机构）和重大境外项目派驻审计人员，根据工作需要可聘请境内外中介机构提供服务支持。

（二十）突出境外内部审计重点关注领域。聚焦境外经营投资立项、决策、签约、

风险管理等关键环节，围绕境外经营投资重点领域及境外大额资金使用、大额采购等重要事项，对重大决策机制、重要管控制度和内控体系有效性进行监督，保障境外国有资产安全，提升国际化经营水平。

### 七、加强内控体系审计，促进提升企业内控体系有效性

（二十一）规范有效开展内控审计。将企业内控体系审计纳入内部审计重点工作任务，围绕企业内部权力运行和责任落实、制度制定和执行、授权审批控制和不相容职务分离控制等开展监督，倒查企业内控体系设计和运行缺陷。突出重大风险防控审计，重点检查企业重大风险评估、监测、预警和重大风险事件及时报告和应急处置等工作开展情况，以及企业合规建设、合规审查、合规事件应对等情况。规范开展对投资决策、资金管理、招投标、物资采购、担保、委托贷款、高风险贸易业务、金融衍生业务、PPP业务等重点环节、重要事项，以及行业监管机构发现的风险和问题的专项内控审计，切实促进提升内控体系有效性。

### 八、压实整改落实责任，促进审计整改与结果运用

（二十二）压实整改落实责任。内部审计机构对审计发现问题整改落实负有监督检查责任，被审计单位对问题整改落实负有主体责任，单位主要负责人是整改第一责任人，相关业务职能部门对业务领域内相关问题负有整改落实责任。加快建立完善审计整改工作制度，完善整改落实工作规范和流程，强化内部审计机构监督检查职责，积极构建各司其职、各负其责的整改工作机制，促进整改落实工作有效落地。

（二十三）强化整改跟踪审计及审计结果运用。密切结合国家审计、巡视巡察、国资监管等各类监督发现问题的整改落实，建立和完善问题整改台账管理及"销号"制度，由内部审计机构制定统一标准并对已整改问题进行审核认定、验收销号。对长期未完成整改、屡审屡犯的问题开展跟踪审计和整改"回头看"等，细化普遍共性问题举一反三整改机制，确保真抓实改、落实到位。建立审计通报制度，将审计发现问题及整改成效依法依规在企业一定范围内进行通报。将内部审计结果及整改情况作为干部考核、任免、奖惩的重要依据之一，对审计发现的违规违纪违法问题线索，按程序及时移送相关部门或纪检监察机构处理。

**九、加强出资人对内部审计工作的监管，组织开展检查评价和责任追究**

（二十四）强化对内部审计工作的监管。国资委指导中央企业按照国家审计机关对内部审计工作有关要求，围绕国资监管重点任务研究制订本企业年度内部审计工作计划，有效开展内部审计各项工作。加强对内部审计工作的统筹谋划和资源整合，充分发挥内部审计力量在国资监管工作中的专业优势。各中央企业要定期向国资委报送年度审计计划、年度工作报告等情况，及时报送审计发现的重大资产损失、重要事件和重大风险等情况。认真做好对企业报送的年度内部审计工作报告审核工作，持续加强企业内部审计工作情况的汇总、分析和评价。

（二十五）建立健全出资人检查评估工作机制。国资委探索研究制定内部审计工作效能评估指标体系，对企业内部审计体系建设、审计监督、整改落实等工作开展抽查，对审计计划执行、审计质量控制、审计结果运用等工作效能进行评估，每5年全部评估1次。对内部审计工作开展不力和存在重大问题的企业印发提示函或通报，压紧压实内部审计监督责任。

（二十六）加大内部审计责任追究力度。中央企业内部审计机构对重大事项应列入审计计划而不列入，或发现重大问题后拖延不查、敷衍不追、隐匿不报等失职渎职行为，要严肃追究直接责任人员的责任及企业相应领导人员的分管或协管责任；对重大问题应当发现而未发现、查办不力或审计程序不到位的，要逐级落实责任，坚决追责问责。

各省、自治区、直辖市及计划单列市和新疆生产建设兵团国资委可以参照本意见，制定本地区所出资企业内部审计工作监督管理相关工作规范。

# 附录 C 《审计署关于内部审计工作的规定》

## 审计署关于内部审计工作的规定

### 第一章　总则

第一条　为了加强内部审计工作，建立健全内部审计制度，提升内部审计工作质量，充分发挥内部审计作用，根据《中华人民共和国审计法》《中华人民共和国审计法实施条例》以及国家其他有关规定，制定本规定。

第二条　依法属于审计机关审计监督对象的单位（以下统称单位）的内部审计工作，以及审计机关对单位内部审计工作的业务指导和监督，适用本规定。

第三条　本规定所称内部审计，是指对本单位及所属单位财政财务收支、经济活动、内部控制、风险管理实施独立、客观的监督、评价和建议，以促进单位完善治理、实现目标的活动。

第四条　单位应当依照有关法律法规、本规定和内部审计职业规范，结合本单位实际情况，建立健全内部审计制度，明确内部审计工作的领导体制、职责权限、人员配备、经费保障、审计结果运用和责任追究等。

第五条　内部审计机构和内部审计人员从事内部审计工作，应当严格遵守有关法律法规、本规定和内部审计职业规范，忠于职守，做到独立、客观、公正、保密。

内部审计机构和内部审计人员不得参与可能影响独立、客观履行审计职责的工作。

### 第二章　内部审计机构和人员管理

第六条　国家机关、事业单位、社会团体等单位的内部审计机构或者履行内部审计职责的内设机构，应当在本单位党组织、主要负责人的直接领导下开展内部审计工作，向其负责并报告工作。

国有企业内部审计机构或者履行内部审计职责的内设机构应当在企业党组织、董事会（或者主要负责人）直接领导下开展内部审计工作，向其负责并报告工作。国有企业应当按照有关规定建立总审计师制度。总审计师协助党组织、董事会（或者主要负责人）管理内部审计工作。

第七条　内部审计人员应当具备从事审计工作所需要的专业能力。单位应当严格内部审计人员录用标准，支持和保障内部审计机构通过多种途径开展继续教育，提高内部审计人员的职业胜任能力。

内部审计机构负责人应当具备审计、会计、经济、法律或者管理等工作背景。

第八条　内部审计机构应当根据工作需要，合理配备内部审计人员。除涉密事项外，可以根据内部审计工作需要向社会购买审计服务，并对采用的审计结果负责。

第九条　单位应当保障内部审计机构和内部审计人员依法依规独立履行职责，任何单位和个人不得打击报复。

第十条　内部审计机构履行内部审计职责所需经费，应当列入本单位预算。

第十一条　对忠于职守、坚持原则、认真履职、成绩显著的内部审计人员，由所在单位予以表彰。

## 第三章　内部审计职责权限和程序

第十二条　内部审计机构或者履行内部审计职责的内设机构应当按照国家有关规定和本单位的要求，履行下列职责：

（一）对本单位及所属单位贯彻落实国家重大政策措施情况进行审计；

（二）对本单位及所属单位发展规划、战略决策、重大措施及年度业务计划执行情况进行审计；

（三）对本单位及所属单位财政财务收支进行审计；

（四）对本单位及所属单位固定资产投资项目进行审计；

（五）对本单位及所属单位的自然资源资产管理和生态环境保护责任的履行情况进行审计；

（六）对本单位及所属单位的境外机构、境外资产和境外经济活动进行审计；

（七）对本单位及所属单位经济管理和效益情况进行审计；

（八）对本单位及所属单位内部控制及风险管理情况进行审计；

（九）对本单位内部管理的领导人员履行经济责任情况进行审计；

（十）协助本单位主要负责人督促落实审计发现问题的整改工作；

（十一）对本单位所属单位的内部审计工作进行指导、监督和管理；

（十二）国家有关规定和本单位要求办理的其他事项。

第十三条　内部审计机构或者履行内部审计职责的内设机构应有下列权限：

（一）要求被审计单位按时报送发展规划、战略决策、重大措施、内部控制、风险管理、财政财务收支等有关资料（含相关电子数据，下同），以及必要的计算机技术文档；

（二）参加单位有关会议，召开与审计事项有关的会议；

（三）参与研究制定有关的规章制度，提出制定内部审计规章制度的建议；

（四）检查有关财政财务收支、经济活动、内部控制、风险管理的资料、文件和现场勘察实物；

（五）检查有关计算机系统及其电子数据和资料；

（六）就审计事项中的有关问题，向有关单位和个人开展调查和询问，取得相关证明材料；

（七）对正在进行的严重违法违规、严重损失浪费行为及时向单位主要负责人报告，经同意做出临时制止决定；

（八）对可能转移、隐匿、篡改、毁弃会计凭证、会计账簿、会计报表及与经济活动有关的资料，经批准，有权予以暂时封存；

（九）提出纠正、处理违法违规行为的意见和改进管理、提高绩效的建议；

（十）对违法违规和造成损失浪费的被审计单位和人员，给予通报批评或者提出追究责任的建议；

（十一）对严格遵守财经法规、经济效益显著、贡献突出的被审计单位和个人，可以向单位党组织、董事会（或者主要负责人）提出表彰建议。

第十四条　单位党组织、董事会（或者主要负责人）应当定期听取内部审计工作汇报，加强对内部审计工作规划、年度审计计划、审计质量控制、问题整改和队伍建设等重要事项的管理。

第十五条　下属单位、分支机构较多或者实行系统垂直管理的单位，其内部审计机构应当对全系统的内部审计工作进行指导和监督。系统内各单位的内部审计结果和发现的重大违纪违法问题线索，在向本单位党组织、董事会（或者主要负责人）报告的同时，应当及时向上一级单位的内部审计机构报告。

单位应当将内部审计工作计划、工作总结、审计报告、整改情况，以及审计中发现的重大违纪违法问题线索等资料报送同级审计机关备案。

第十六条　内部审计的实施程序，应当依照内部审计职业规范和本单位的相关规定执行。

第十七条　内部审计机构或者履行内部审计职责的内设机构，对本单位内部管理的领导人员实施经济责任审计时，可以参照执行国家有关经济责任审计的规定。

## 第四章　审计结果运用

第十八条　单位应当建立健全审计发现问题整改机制，明确被审计单位主要负责人为整改第一责任人。对审计发现的问题和提出的建议，被审计单位应当及时整改，并将整改结果书面告知内部审计机构。

第十九条　单位对内部审计发现的典型性、普遍性、倾向性问题，应当及时分析研究，制定和完善相关管理制度，建立健全内部控制措施。

第二十条　内部审计机构应当加强与内部纪检监察、巡视巡察、组织人事等其他内部监督力量的协作配合，建立信息共享、结果共用、重要事项共同实施、问题整改问责共同落实等工作机制。

内部审计结果及整改情况应当作为考核、任免、奖惩干部和相关决策的重要依据。

第二十一条　单位对内部审计发现的重大违纪违法问题线索，应当按照管辖权限依法依规及时移送纪检监察机关、司法机关。

第二十二条　审计机关在审计中，特别是在国家机关、事业单位和国有企业三级以下单位审计中，应当有效利用内部审计力量和成果。对内部审计发现且已经纠正的问题不再在审计报告中反映。

## 第五章　对内部审计工作的指导和监督

第二十三条　审计机关应当依法对内部审计工作进行业务指导和监督，明确内部职能机构和专职人员，并履行下列职责：

（一）起草有关内部审计工作的法规草案；

（二）制定有关内部审计工作的规章制度和规划；

（三）推动单位建立健全内部审计制度；

（四）指导内部审计统筹安排审计计划，突出审计重点；

（五）监督内部审计职责履行情况，检查内部审计业务质量；

（六）指导内部审计自律组织开展工作；

（七）法律、法规规定的其他职责。

第二十四条　审计机关可以通过业务培训、交流研讨等方式，加强对内部审计人员的业务指导。

第二十五条　审计机关应当对单位报送的备案资料进行分析，将其作为编制年度审计项目计划的参考依据。

第二十六条　审计机关可以采取日常监督、结合审计项目监督、专项检查等方式，对单位的内部审计制度建立健全情况、内部审计工作质量情况等进行指导和监督。

对内部审计制度建设和内部审计工作质量存在问题的，审计机关应当督促单位内部审计机构及时进行整改并书面报告整改情况；情节严重的，应当通报批评并视情况抄送有关主管部门。

第二十七条　审计机关应当按照国家有关规定对内部审计自律组织进行政策和业务指导，推动内部审计自律组织按照法律法规和章程开展活动。必要时，可以向内部审计自律组织购买服务。

## 第六章　责任追究

第二十八条　被审计单位有下列情形之一的，由单位党组织、董事会（或者主要负责人）责令改正，并对直接负责的主管人员和其他直接责任人员进行处理：

（一）拒绝接受或者不配合内部审计工作的；

（二）拒绝、拖延提供与内部审计事项有关的资料，或者提供资料不真实、不完整的；

（三）拒不纠正审计发现问题的；

（四）整改不力、屡审屡犯的；

（五）违反国家规定或者本单位内部规定的其他情形。

第二十九条　内部审计机构或者履行内部审计职责的内设机构和内部审计人员有下列情形之一的，由单位对直接负责的主管人员和其他直接责任人员进行处理；涉嫌犯罪的，移送司法机关依法追究刑事责任：

（一）未按有关法律法规、本规定和内部审计职业规范实施审计导致应当发现的问题未被发现并造成严重后果的；

（二）隐瞒审计查出的问题或者提供虚假审计报告的；

（三）泄露国家秘密或者商业秘密的；

（四）利用职权谋取私利的；

（五）违反国家规定或者本单位内部规定的其他情形。

第三十条　内部审计人员因履行职责受到打击、报复、陷害的，单位党组织、董事会（或者主要负责人）应当及时采取保护措施，并对相关责任人员进行处理；涉嫌犯罪的，移送司法机关依法追究刑事责任。

## 第七章　附则

第三十一条　本规定所称国有企业是指国有和国有资本占控股地位或者主导地位的企业、金融机构。

第三十二条　不属于审计机关审计监督对象的单位的内部审计工作，可以参照本规定执行。

第三十三条　本规定由审计署负责解释。

第三十四条　本规定自 2018 年 3 月 1 日起施行。审计署于 2003 年 3 月 4 日发布的《审计署关于内部审计工作的规定》（2003 年审计署第 4 号令）同时废止。

# 附录 D　中国内部审计协会
# 中国内部审计准则及具体准则（部分）

## 第 1101 号——内部审计基本准则

### 第一章　总则

第一条　为了规范内部审计工作，保证内部审计质量，明确内部审计机构和内部审计人员的责任，根据《审计法》及其实施条例，以及其他有关法律、法规和规章，制定本准则。

第二条　本准则所称内部审计，是一种独立、客观的确认和咨询活动，它通过运用系统、规范的方法，审查和评价组织的业务活动、内部控制和风险管理的适当性和有效性，以促进组织完善治理、增加价值和实现目标。

第三条　本准则适用于各类组织的内部审计机构、内部审计人员及其从事的内部审计活动。其他组织或者人员接受委托、聘用，承办或者参与内部审计业务，也应当遵守本准则。

### 第二章　一般准则

第四条　组织应当设置与其目标、性质、规模、治理结构等相适应的内部审计机构，并配备具有相应资格的内部审计人员。

第五条　内部审计的目标、职责和权限等内容应当在组织的内部审计章程中明确规定。

第六条　内部审计机构和内部审计人员应当保持独立性和客观性，不得负责被审计单位的业务活动、内部控制和风险管理的决策与执行。

第七条　内部审计人员应当遵守职业道德，在实施内部审计业务时保持应有的职业谨慎。

第八条　内部审计人员应当具备相应的专业胜任能力，并通过后续教育加以保持和提高。

第九条　内部审计人员应当履行保密义务，对于实施内部审计业务中所获取的信息保密。

第三章　作业准则

第十条　内部审计机构和内部审计人员应当全面关注组织风险，以风险为基础组织实施内部审计业务。

第十一条　内部审计人员应当充分运用重要性原则，考虑差异或者缺陷的性质、数量等因素，合理确定重要性水平。

第十二条　内部审计机构应当根据组织的风险状况、管理需要及审计资源的配置情况，编制年度审计计划。

第十三条　内部审计人员根据年度审计计划确定的审计项目，编制项目审计方案。

第十四条　内部审计机构应当在实施审计三日前，向被审计单位或者被审计人员送达审计通知书，做好审计准备工作。

第十五条　内部审计人员应当深入了解被审计单位的情况，审查和评价业务活动、内部控制和风险管理的适当性和有效性，关注信息系统对业务活动、内部控制和风险管理的影响。

第十六条　内部审计人员应当关注被审计单位业务活动、内部控制和风险管理中的舞弊风险，对舞弊行为进行检查和报告。

第十七条　内部审计人员可以运用审核、观察、监盘、访谈、调查、函证、计算和分析程序等方法，获取相关、可靠和充分的审计证据，以支持审计结论、意见和建议。

第十八条　内部审计人员应当在审计工作底稿中记录审计程序的执行过程，获取的审计证据，以及做出的审计结论。

第十九条　内部审计人员应当以适当方式提供咨询服务，改善组织的业务活动、内部控制和风险管理。

第四章　报告准则

第二十条　内部审计机构应当在实施必要的审计程序后，及时出具审计报告。

第二十一条　审计报告应当客观、完整、清晰，具有建设性并体现重要性原则。

第二十二条　审计报告应当包括审计概况、审计依据、审计发现、审计结论、审计意见和审计建议。

第二十三条　审计报告应当包含是否遵循内部审计准则的声明。如存在未遵循内部审计准则的情形，应当在审计报告中做出解释和说明。

## 第五章　内部管理准则

第二十四条　内部审计机构应当接受组织董事会或者最高管理层的领导和监督，并保持与董事会或者最高管理层及时、高效的沟通。

第二十五条　内部审计机构应当建立合理、有效的组织结构，多层级组织的内部审计机构可以实行集中管理或者分级管理。

第二十六条　内部审计机构应当根据内部审计准则及相关规定，结合本组织的实际情况制定内部审计工作手册，指导内部审计人员的工作。

第二十七条　内部审计机构应当对内部审计质量实施有效控制，建立指导、监督、分级复核和内部审计质量评估制度，并接受内部审计质量外部评估。

第二十八条　内部审计机构应当编制中长期审计规划、年度审计计划、本机构人力资源计划和财务预算。

第二十九条　内部审计机构应当建立激励约束机制，对内部审计人员的工作进行考核、评价和奖惩。

第三十条　内部审计机构应当在董事会或者最高管理层的支持和监督下，做好与外部审计的协调工作。

第三十一条　内部审计机构负责人应当对内部审计机构管理的适当性和有效性负主要责任。

## 第六章　附则

第三十二条　本准则由中国内部审计协会发布并负责解释。

第三十三条　本准则自 2014 年 1 月 1 日起施行。

# 第1201号——内部审计人员职业道德规范

## 第一章 总则

第一条 为了规范内部审计人员的职业行为，维护内部审计职业声誉，根据《审计法》及其实施条例，以及其他有关法律、法规和规章，制定本规范。

第二条 内部审计人员职业道德是内部审计人员在开展内部审计工作中应当具有的职业品德、应当遵守的职业纪律和应当承担的职业责任的总称。

第三条 内部审计人员从事内部审计活动时，应当遵守本规范，认真履行职责，不得损害国家利益、组织利益和内部审计职业声誉。

## 第二章 一般原则

第四条 内部审计人员在从事内部审计活动时，应当保持诚信正直。

第五条 内部审计人员应当遵循客观性原则，公正、不偏不倚地做出审计职业判断。

第六条 内部审计人员应当保持并提高专业胜任能力，按照规定参加后续教育。

第七条 内部审计人员应当遵循保密原则，按照规定使用其在履行职责时所获取的信息。

第八条 内部审计人员违反本规范要求的，组织应当批评教育，也可以视情节给予一定的处分。

## 第三章 诚信正直

第九条 内部审计人员在实施内部审计业务时，应当诚实、守信，不应有下列行为：

（一）歪曲事实；

（二）隐瞒审计发现的问题；

（三）进行缺少证据支持的判断；

（四）做误导性的或者含糊的陈述。

第十条 内部审计人员在实施内部审计业务时，应当廉洁、正直，不应有下列行为：

（一）利用职权谋取私利；

（二）屈从于外部压力，违反原则。

## 第四章　客观性

第十一条　内部审计人员实施内部审计业务时，应当实事求是，不得由于偏见、利益冲突而影响职业判断。

第十二条　内部审计人员实施内部审计业务前，应当采取下列步骤对客观性进行评估：

（一）识别可能影响客观性的因素；

（二）评估可能影响客观性因素的严重程度；

（三）向审计项目负责人或者内部审计机构负责人报告客观性受损可能造成的影响。

第十三条　内部审计人员应当识别下列可能影响客观性的因素：

（一）审计本人曾经参与过的业务活动；

（二）与被审计单位存在直接利益关系；

（三）与被审计单位存在长期合作关系；

（四）与被审计单位管理层有密切的私人关系；

（五）遭受来自组织内部和外部的压力；

（六）内部审计范围受到限制；

（七）其他。

第十四条　内部审计机构负责人应当采取下列措施保障内部审计的客观性：

（一）提高内部审计人员的职业道德水准；

（二）选派适当的内部审计人员参加审计项目，并进行适当分工；

（三）采用工作轮换的方式安排审计项目及审计组；

（四）建立适当、有效的激励机制；

（五）制定并实施系统、有效的内部审计质量控制制度、程序和方法；

（六）当内部审计人员的客观性受到严重影响，且无法采取适当措施降低影响时，停止实施有关业务，并及时向董事会或者最高管理层报告。

### 第五章 专业胜任能力

第十五条 内部审计人员应当具备下列履行职责所需的专业知识、职业技能和实践经验：

（一）审计、会计、财务、税务、经济、金融、统计、管理、内部控制、风险管理、法律和信息技术等专业知识，以及与组织业务活动相关的专业知识；

（二）语言文字表达、问题分析、审计技术应用、人际沟通、组织管理等职业技能；

（三）必要的实践经验及相关职业经历。

第十六条 内部审计人员应当通过后续教育和职业实践等途径，了解、学习和掌握相关法律法规、专业知识、技术方法和审计实务的发展变化，保持和提升专业胜任能力。

第十七条 内部审计人员实施内部审计业务时，应当保持职业谨慎，合理运用职业判断。

### 第六章 保密

第十八条 内部审计人员应当对实施内部审计业务所获取的信息保密，非因有效授权、法律规定或其他合法事由不得披露。

第十九条 内部审计人员在社会交往中，应当履行保密义务，警惕非故意泄密的可能性。

内部审计人员不得利用其在实施内部审计业务时获取的信息牟取不正当利益，或者以有悖于法律法规、组织规定及职业道德的方式使用信息。

### 第七章 附则

第二十条 本规范由中国内部审计协会发布并负责解释。

第二十一条 本规范自 2014 年 1 月 1 日起施行。

# 第 2101 号内部审计具体准则——审计计划

## 第一章　总则

**第一条**　为了规范审计计划的编制与执行，保证有计划、有重点地开展审计业务，提高审计质量和效率，根据《内部审计基本准则》，制定本准则。

**第二条**　本准则所称审计计划，是指内部审计机构和内部审计人员为完成审计业务，达到预期的审计目的，对审计工作或者具体审计项目做出的安排。

**第三条**　本准则适用于各类组织的内部审计机构、内部审计人员及其从事的内部审计活动。其他组织或者人员接受委托、聘用，承办或者参与内部审计业务，也应当遵守本准则。

## 第二章　一般原则

**第四条**　审计计划一般包括年度审计计划和项目审计方案。

年度审计计划是对年度预期要完成的审计任务所做的工作安排，是组织年度工作计划的重要组成部分。

项目审计方案是对实施具体审计项目所需要的审计内容、审计程序、人员分工、审计时间等做出的安排。

**第五条**　内部审计机构应当在本年度编制下年度审计计划，并报经组织董事会或者最高管理层批准；审计项目负责人应当在审计项目实施前编制项目审计方案，并报经内部审计机构负责人批准。

**第六条**　内部审计机构应当根据批准后的审计计划组织开展内部审计活动。在审计计划执行过程中，如有必要，应当按照规定的程序对审计计划进行调整。

**第七条**　内部审计机构负责人应当定期检查审计计划的执行情况。

## 第三章　年度审计计划

**第八条**　内部审计机构负责人负责年度审计计划的编制工作。

**第九条**　编制年度审计计划应当结合内部审计中长期规划，在对组织风险进行评估的基础上，根据组织的风险状况、管理需要和审计资源的配置情况，确定具体审计项目及时间安排。

第十条　年度审计计划应当包括下列基本内容：

（一）年度审计工作目标；

（二）具体审计项目及实施时间；

（三）各审计项目需要的审计资源；

（四）后续审计安排。

第十一条　内部审计机构在编制年度审计计划前，应当重点调查了解下列情况，以评价具体审计项目的风险：

（一）组织的战略目标、年度目标及业务活动重点；

（二）对相关业务活动有重大影响的法律、法规、政策、计划和合同；

（三）相关内部控制的有效性和风险管理水平；

（四）相关业务活动的复杂性及其近期变化；

（五）相关人员的能力及其岗位的近期变动；

（六）其他与项目有关的重要情况。

第十二条　内部审计机构负责人应当根据具体审计项目的性质、复杂程度及时间要求，合理安排审计资源。

## 第四章　项目审计方案

第十三条　内部审计机构应当根据年度审计计划确定的审计项目和时间安排，选派内部审计人员开展审计工作。

第十四条　审计项目负责人应当根据被审计单位的下列情况，编制项目审计方案：

（一）业务活动概况；

（二）内部控制、风险管理体系的设计及运行情况；

（三）财务、会计资料；

（四）重要的合同、协议及会议记录；

（五）上次审计结论、建议及后续审计情况；

（六）上次外部审计的审计意见；

（七）其他与项目审计方案有关的重要情况。

第十五条　项目审计方案应当包括下列基本内容：

（一）被审计单位、项目的名称；

（二）审计目标和范围；

（三）审计内容和重点；

（四）审计程序和方法；

（五）审计组成员的组成及分工；

（六）审计起止日期；

（七）对专家和外部审计工作结果的利用；

（八）其他有关内容。

## 第五章　附则

第十六条　本准则由中国内部审计协会发布并负责解释。

第十七条　本准则自 2014 年 1 月 1 日起施行。

# 附录E 《浙江省内部审计工作规定》

## 浙江省内部审计工作规定

### 第一章　总则

第一条　为了加强内部审计工作，规范内部审计行为，充分发挥内部审计作用，增强审计整体监督效能，根据《中华人民共和国审计法》《中华人民共和国审计法实施条例》《浙江省审计条例》等法律、法规，结合本省实际，制定本规定。

第二条　依法属于审计机关审计监督对象的行政机关、事业单位、社会团体、国有企业、参照国有企业管理的集体企业和金融机构（以下统称单位）的内部审计工作，以及审计机关对内部审计工作的业务指导和监督，适用本规定。

本规定所称内部审计工作，是指单位内部审计机构或者履行内部审计职责的内设机构（以下统称内部审计机构）和内部审计人员按照规定职责对资金、资源、资产和内管干部履行经济责任情况等实施审计监督、评价、建议和督促审计整改，开展审计业务指导和监督的活动。

第三条　内部审计是强化单位内部控制的重要手段，是审计监督体系的重要组成部分，是服务国家治理体系和治理能力现代化的基础环节。

第四条　内部审计工作应当坚持中国共产党的领导，贯彻依法、独立、客观、公正的原则，做到应审计尽审计、应发现尽发现、应整改尽整改、应完善尽完善、应协同尽协同。

第五条　县级以上人民政府应当加强对本地区内部审计工作的领导，将内部审计工作纳入政府绩效、法治政府等相关考核评价体系。

乡镇人民政府、街道办事处应当建立健全内部审计制度，加强内部审计工作。

第六条　单位应当加强对内部审计工作的领导，建立健全内部审计制度，落实有关内部控制规范，支持和保障内部审计机构和内部审计人员依法独立开展工作，发挥内部审计在规范管理、防范风险和完善治理中的作用。

单位主要负责人是内部审计工作的第一责任人，负责研究部署内部审计工作，落实内部审计整改，加强内部审计人员力量配备和工作经费保障。

第七条　教育、公安、交通运输、卫生健康、国有资产监督管理等部门（以下称行业、系统主管部门），负责对本行业、本系统的内部审计工作实施管理或者业务指导和监督。

第八条　鼓励和支持非公有制企业、农村集体经济组织、基层群众自治组织等单位建立健全内部审计制度，开展内部审计工作。

第九条　内部审计协会在审计机关指导下开展业务工作，应当建立健全内部审计职业规范，提升内部审计职业化水平。

第十条　内部审计工作应当按照整体智治的要求，推动内部审计数字化改革，提高审计监督精准化、应用场景智能化、监督力量协同化水平，促进审计结果有效运用和成果共享。

## 第二章　内部审计机构和人员

第十一条　内部审计机构履行下列职责：

（一）督促单位建立健全内部审计制度；

（二）按照有关规定对贯彻落实上级重大决策部署、财政收支和财务收支、经济活动、内部控制和风险管理、内管干部履行经济责任等情况进行审计；

（三）向单位报告内部审计工作情况，以及审计发现的重大损失、重大风险和违纪违法问题线索等重要事项；

（四）督促落实审计整改工作，对审计查出的问题实行清单化管理；

（五）统筹利用内部审计成果，加强与单位内部纪检等其他监督的协调贯通；

（六）加强与审计机关的协作与配合，实施国家审计与内部审计协同；

（七）推动建立健全智能化审计项目全生命周期管理平台；

（八）法律、法规规定的其他职责。

省级行业、系统主管部门的内部审计机构除履行前款规定的职责外，应当研究制定本行业、本系统内部审计指导意见、内部审计工作指引和操作规程。

第十二条　单位应当加强内部审计机构和人员力量建设。除法律、法规和国家另有规定外，下列单位应当明确承担内部审计职责的机构，配备内部审计人员：

（一）下属独立核算单位5个以上或者年度财政收支、财务收支规模（含下属单位）

1 亿元以上的行政机关、事业单位、社会团体；

（二）注册资本金 1 亿元以上，或者下属控股子公司 5 家以上的国有企业和参照国有企业管理的集体企业；

（三）省级以上开发区（园区）。

国有企业应当按照有关规定建立总审计师制度，建立健全与内部审计全覆盖、常态化审计监督相适应的内部审计工作体系；下设子公司的国有企业在企业集团总部建立总审计师制度。总审计师协助本单位主要负责人管理内部审计工作。

第十三条　内部审计机构负责人应当参加或者列席单位有关涉及经济事务的重要会议和活动，及时掌握单位重大财政收支、财务收支、经济活动等事项和重要经济决策、决定等情况。

第十四条　内部审计机构履行审计职责时，可以要求财务、人事等相关部门予以协助和配合，就审计事项的有关问题向内部有关部门、相关单位和个人进行审计调查，检查有关财政收支、财务收支及相关经济活动的资料（含相关电子数据，下同）、资产和信息系统的安全性、可靠性、经济性，并取得相关证明材料。

经单位主要负责人批准，内部审计人员对可能被转移、隐匿、篡改、毁弃的有关财政收支、财务收支及相关经济活动的资料按照有关规定予以暂时封存。

内部审计机构在审计、检查中发现被审计对象违反法律、法规等有关规定的行为应当予以制止，提出处理意见和建议。

第十五条　单位可以根据工作需要向社会购买内部审计服务，对采用的审计结果负责，并妥善保管审计档案。

单位向社会购买内部审计服务时，应当提出明确的审计目标与要求，并加强指导检查、监督评价和质量控制，对审计方案、审计工作底稿、审计报告等进行审核。

第十六条　内部审计人员应当具备从事审计工作所需的专业知识、业务能力和职业道德水准。

单位应当加强内部审计人员大数据审计、信息系统审计、职业道德规范等内容的继续教育培训，不断提升其职业胜任能力和职业操守。

第十七条　对坚持原则、忠于职守、认真履职、成绩显著的内部审计机构和内部审计人员，单位应当按照有关规定予以褒扬。

第十八条　内部审计机构负责人和内部审计人员不得在本单位从事下列可能影响独

立、客观履行内部审计职责的工作：

（一）会计、出纳等财务管理业务；

（二）资产、资源等分配、处置、管理；

（三）投资、基建管理；

（四）采购、招标、投标、合同管理；

（五）其他可能影响独立、客观履行内部审计职责的工作。

<h2 style="text-align:center">第三章　内部审计程序</h2>

第十九条　内部审计机构应当根据本单位年度工作重点制定年度内部审计计划，确定审计项目，经单位主要负责人批准后实施。

第二十条　内部审计机构根据审计项目成立审计组，研究制定审计实施方案，明确审计重点、审计进度和相关要求。审计组审计人员不得少于2名。

第二十一条　内部审计机构应当在实施审计前向审计对象送达审计通知书；遇有特殊情况，经单位主要负责人批准，可以直接持审计通知书实施审计。

第二十二条　内部审计人员、内部审计机构负责人与审计对象或者审计事项有利害关系的，应当主动申请回避，审计对象也可以根据回避情形申请内部审计相关人员回避。

内部审计人员和内部审计机构负责人的回避，分别由内部审计机构负责人和本单位主要负责人决定。

第二十三条　审计对象应当支持和配合审计人员依法履行职责，按照有关要求提供有关财政收支、财务收支及相关经济活动的资料，并对所提供资料的及时性、真实性和完整性负责。

第二十四条　内部审计人员应当按照审计实施方案开展审计，加强大数据分析和数据挖掘技术的运用，获取审计证据，编制审计工作底稿。

第二十五条　审计组根据审计工作底稿，形成审计结论、意见和建议，向内部审计机构提交审计报告。

审计报告应当包含审计概况、审计评价、审计发现的主要问题及处理意见、审计建议等内容。

第二十六条　内部审计机构应当将审计组提交的审计报告书面征求审计对象意见。

审计对象收到内部审计报告后，可以向内部审计机构提出书面意见。在单位规定时间内未提出书面意见的，视为无异议。

审计组应当对审计对象提出的书面意见进行核实，提出处理意见，并将审计报告与该书面意见一并提交内部审计机构。内部审计机构应当对审计报告进行复核，经单位主要负责人批准后出具最终的审计报告，送达审计对象及相关部门。

第二十七条　被审计单位及相关部门应当及时向内部审计机构提供审计查出问题的整改方案和整改落实情况，内部审计机构应当及时跟踪检查、核实。

第二十八条　单位应当建立健全内部审计争议解决机制。审计对象及相关人员对内部审计结论有异议的，应当由单位及时做出处理。

第二十九条　单位应当按照有关规定，建立健全内部审计项目档案管理制度，推动运用数字化等技术，提高档案管理规范化水平。

内部审计项目档案应当包含年度内部审计计划、审计通知书、审计实施方案、审计工作底稿、证据证明材料、审计报告、审计对象书面意见及整改落实情况等资料。

## 第四章　内部审计整改和结果运用

第三十条　内部审计整改工作应当坚持揭示问题与推动解决问题相统一，规范管理与完善制度相结合，内部审计监督与其他监督力量相融合。

第三十一条　被审计单位应当对内部审计查出的问题实行分类整改。

对在审计过程中或者短期内可以完成整改的，应当立行立改；对短期内难以完成整改的，应当制定阶段性整改目标，分阶段限时完成整改；对涉及制度建设层面的，应当建立健全长效机制，持续组织整改。

第三十二条　被审计单位承担审计整改的主体责任，负责全面整改内部审计查出的问题，被审计单位主要负责人是落实审计整改的第一责任人。

第三十三条　内部审计机构负责审计整改的督促检查工作，对整改问题进行跟踪检查并督促落实。

第三十四条　内部审计整改工作实行挂号销号机制。内部审计机构将审计查出问题逐一挂号，被审计单位按照问题类型明确整改期限、制定措施并加以整改，内部审计机构进行审核认定、对账销号。

第三十五条　内部审计机构应当根据审计整改数字化要求，推动构建审计整改智能化综合应用管理平台，实现整改问题即时查询、整改材料在线报送、整改进度实时跟踪。

**第三十六条** 单位应当建立健全审计结果运用机制，推进审计结果运用数字化转型，拓宽共享共用渠道，推动审计结果的成果转化。

**第三十七条** 单位对内部审计发现的重大违纪违法问题线索，应当按照管理权限依法及时移送有权机关处理。对内部审计发现的典型性、普遍性、倾向性问题，应当加强分析研判、综合施策，建立长效机制。

内部审计结果及审计整改情况在一定范围内通报。

**第三十八条** 单位内部审计结果和审计整改情况，以及审计机关对内部审计工作的监督评价应当作为考核、任免、奖惩干部和做出相关决策的重要依据。

**第三十九条** 审计机关在对单位进行审计时，应当有效利用符合要求的内部审计结果。

对内部审计查出并已经整改到位的问题可以不在审计报告中反映；对内部审计查出的问题整改未落实到位的，应当依法提出处理意见并督促整改。

## 第五章 内部审计业务指导和监督

**第四十条** 审计机关应当加强内部审计工作力量建设，明确职能机构和人员，依法对内部审计工作进行业务指导和监督。具体履行下列职责：

（一）制定内部审计工作制度、年度指导监督意见和计划；

（二）部署落实国家审计与内部审计协同工作；

（三）组织开展内部审计业务培训、案例评审、项目建议条目发布和监督检查等工作；

（四）加强对内部审计协会的政策和业务指导；

（五）完善内部审计监督和审计整改工作考核评价指标体系；

（六）推动建立内部审计数字化应用平台；

（七）推荐申报各级内部审计先进单位和内部审计先进工作者评选；

（八）法律、法规规定的其他职责。

**第四十一条** 审计机关通过实务指引、培训辅导、经验交流等形式对单位内部审计工作进行业务指导。指导主要包括下列内容：

（一）建立健全内部审计制度；

（二）按照审计发现的问题实施清单化督导；

（三）实施与国家审计在审计计划、项目、组织、资源和成果等方面的协同。

第四十二条　审计机关根据年度工作计划，采取日常监督、结合审计项目监督和专项检查监督等形式对单位内部审计工作进行监督评价。监督评价主要包括下列内容：

（一）内部审计工作制度建立健全和执行情况；

（二）贯彻落实上级重大决策部署跟踪审计和其他重点审计项目情况；

（三）委托社会审计出具的审计报告质量。

内部审计监督评价情况应当在一定范围内公布，必要时报送有关主管部门。

第四十三条　内部审计应当加强与国家审计的协同，主要采取下列形式：

（一）结合审计机关的年度审计计划确定内部审计计划；

（二）按照有关要求与审计机关同步开展专项审计工作，或者参照审计机关确定的专项审计方案开展审计；

（三）与审计机关订立审计协同协议，明确协同内容和方法；

（四）推动内部审计人员参与国家审计项目，提升业务能力。

## 第六章　法律责任

第四十四条　违反本规定的行为，法律、法规已有法律责任规定的，从其规定。

第四十五条　被审计单位有下列情形之一的，由单位或者有权机关责令改正；情节严重的，对直接负责的主管人员和其他直接责任人员，依法给予处分：

（一）拒绝、阻碍内部审计工作；

（二）拒绝、拖延提供与内部审计事项有关的资料，或者提供资料不真实、不完整；

（三）拒不纠正内部审计发现的问题；

（四）虚假整改、整改不到位、屡审屡犯；

（五）打击、报复、诽谤、陷害内部审计人员或者有关举报人；

（六）违反法律、法规规定的其他情形。

第四十六条　内部审计机构和内部审计人员有下列情形之一的，由单位或者有权机关责令改正；情节严重的，对直接负责的主管人员和其他直接责任人员，依法给予处分：